Unerschütterliche Bewusstheit

Meditation im Herzen des Chaos

Andere Bücher von Richard L. Haight

Die Krieger-Meditation
The Unbound Soul
Inspirience: Meditation Unbound
The Psychedelic Path

Unerschütterliche Bewusstheit

Richard L. Haight

Shinkaikan Body, Mind, Spirit LLC
www.richardlhaight.com

Copyright © 2021 by Richard L. Haight
Alle Rechte vorbehalten. Kein Teil dieser Publikation darf ohne vorherige schriftliche Genehmigung des Herausgebers in irgendeiner Form oder mit irgendwelchen Mitteln, einschließlich Fotokopien, Aufzeichnungen oder anderen elektronischen oder mechanischen Methoden, vervielfältigt, verteilt oder übertragen werden, mit Ausnahme von kurzen Zitaten, die in kritischen Rezensionen enthalten sind, und bestimmten anderen nichtkommerziellen Verwendungen, die durch das Urheberrecht erlaubt sind.

ISBN 978-1-7349658-4-1

Haftungsausschluss:
1. Einige Namen und identifizierende Details wurden geändert, um die Privatsphäre der Personen zu schützen.
2. Dieses Buch ist nicht als Ersatz für den medizinischen oder psychologischen Rat von Ärzten oder Psychiatern gedacht. Der Leser sollte in Angelegenheiten, die seine körperliche oder geistige/emotionale Gesundheit betreffen, und insbesondere bei Symptomen, die eine Diagnose oder medizinische Behandlung erfordern, regelmäßig einen Arzt aufsuchen.

Herausgegeben von Shinkaikan Body, Mind, Spirit LLC
www.richardlhaight.com

Inhaltsverzeichnis

Danksagungen vii

Vorwort ix

Einleitung 1

So verwendest du dieses Buch 7

Teil I - Geist-Körper-Umstrukturierung 9

    Kapitel 1 - Neuroplastizität 11

    Kapitel 2 - Vagusnerv-Stimulation 19

    Kapitel 3 - Andere körperliche Veränderungen 23

Teil II - Vagale Tonisierung 27

    Kapitel 4 - Primärtöne 29

    Kapitel 5 - Schallabmessungen 34

    Kapitel 6 - Schalltherapie 37

Teil III - Grundlegendes Drucktraining 40

    Kapitel 7 - Reinigung durch Wasser 42

    Kapitel 8 - Dem Wasser ins Auge sehen 45

    Kapitel 9 - Fließen mit Gesundheitsthemen 54

    Kapitel 10 - Fortschritte messen 60

Teil IV - Training des Geistes - 64

    Kapitel 11 - Umgang mit Furcht 66

    Kapitel 12 - Mentoring des Geistes 72

    Kapitel 13 - Mentoring des Körpers 76

    Kapitel 14 - Die Kraft des einen Atems 81

Teil V - Meditationstraining 85

    Kapitel 15 - Grundlegende TEM-Meditation 87

    Kapitel 16 - Sphärische Bewusstheit 97

    Kapitel 17 - Tieferes Körpertraining 104

    Kapitel 18 - Bewusstheits-Übungen und Spiele 110

Teil VI - Bewusstes Leben 120

    Kapitel 19 - Tägliche Erinnerungshilfen 122

    Kapitel 20 - Das Herz des Chaos 128

    Kapitel 21 - Tägliche Verkörperung 133

    Kapitel 22 - Umwandlung 142

Reference 146

Die Krieger-Meditation: Vorschau 168

The Unbound Soul: Vorschau 169

Inspirience: Vorschau 170

The Psychedelic Path: Vorschau 171

Über den Autor 172

Quellen 174

Kontakt 175

Schritt-für-Schritt-Arbeitsbuch 176

Tägliches Training der geführten Meditation mit Richard L. Haight 210

Danksagungen

Unerschütterliche Bewusstheit ist meinem Kampfkunstlehrer Shizen Osaki (17. Juni 1951 - 27. Juli 2020) gewidmet. Er war ein großartiger Mentor und ein lieber Freund. Ich kann ihm nicht genug für alles danken, was er getan hat, um meinen Weg und die „Total Embodiment Methode" zu unterstützen. Wenn er nicht gewesen wäre, hätte dieses Buch nicht geschrieben werden können. Sein Geist lebt durch seine Kinder und seine vielen Schüler weiter.

Ich möchte meinen Studenten Barbara Becker, Linda LaTores und Toni Hollenbeck für ihr frühes Feedback zum Manuskript und ihre Anregung, ein Arbeitsbuch an den Haupttext anzuhängen, danken. Sie lieferten die meisten der Fragen, aus denen das Arbeitsbuch besteht.

Ich möchte mich auch bei meinen betreuenden Studenten dafür bedanken, dass sie die vielen Herausforderungen, die diese Ausbildung bietet, positiv angegangen sind und für ihre vielen Fragen, die zur Klärung des Inhalts dieses Buches beigetragen haben.

Meiner Lektorin, Hester Lee Furey, spreche ich meine aufrichtige Anerkennung für die großartige Arbeit, die sie leistet und für ihre Unterstützung dieser Lehren aus.

Ich danke meinem Lektoratsteam, Barbara Becker, Linda LaTores, Toni Hollenbeck und Rhoann Ponseti, für ihre Bemühungen, auch den letzten Fehler zu finden.

Ich danke dem Cover-Designer, Nathaniel Dasco, für das umwerfende Design. Er hört nie auf, mich zu verblüffen.

Ich danke meiner Frau, Teruko Haight, für ihre unermüdliche Unterstützung meiner Bewusstseinserkundungen.

Abschließend möchte ich mich bei den vielen Unterstützern bedanken, die finanziell dazu beigetragen haben, die Veröffentlichung dieses Buches zu ermöglichen. Bitte wisst, dass ich dies ohne eure Unterstützung nicht hätte tun können.

Nachfolgend liste ich jeden Mitwirkenden mit Namen auf:

> John Roscoe
> Linda LaTores
> Leila Atbi
> Rhoann Ponseti
> Vinod Shakyaver
> Ziad Masri
> Toni Hollenbeck
> Aleksandra Iwanow
> Matthew Jones
> Jean Jacques Rousseau
> Harvey Newman
> Colleen Scott
> Thomas Kennedy
> Jason Wu
> Brian Darby
> Ana Cinto
> Clive Johnston
> Wanda Aasen
> Ryan J Pitts
> Barbara Becker
> Mark Lyon
> Patrick Thiele

Ich danke euch allen aus tiefstem Herzen!

Vorwort

Während ich diese Worte schreibe, befinden sich Milliarden von Menschen in Selbstisolation, unfähig, ihre Häuser zu verlassen und vielen von ihnen ist es unmöglich ihrer Arbeit nachzugehen. Millionen von Menschen sind am Corona-Virus (COVID-19) erkrankt und Tausende sterben jeden Tag, weil wir nicht genügend Tests, Krankenhausbetten und Beatmungsgeräte haben. Der Aktienmarkt ist im Keller und hat in nur wenigen Wochen fast die Hälfte seines Wertes verloren, ein Rückgang, der weit schlimmer ist als die Große Depression von 1929 (während der es drei Jahre dauerte, bis der Markt die Hälfte seines Wertes verlor). Der Rohölpreis ist in den Bereich von 20 Dollar pro Barrel gefallen, was die Ölproduzenten dazu veranlasst, nach Hilfe zu schreien, da die meisten von ihnen bei derart niedrigen Preisen nicht überleben können. Ob sich diese Dinge wieder erholen werden oder nicht, weiß niemand, denn wir befinden uns in einer Zeit des Chaos.

Seit Jahren bereiten sich „Prepper" auf einen völligen Zusammenbruch des modernen Systems vor. Noch vor ein paar Monaten hat sie fast niemand ernst genommen, jetzt horten ganz normale Menschen Wasser, Lebensmittel, Munition und Toilettenpapier. Selbst in den Vereinigten Staaten in Städten, wo die meisten Bürger als liberal bezeichnet werden können, wie z. B. New York oder auch in Kalifornien, übersteigt der Verkauf von Munition die Fähigkeit der Geschäfte, ihre Regale zu füllen.

Unerschütterliche Bewusstheit

Viele von uns sind verängstigt. Wir waren noch nie in einer Situation wie jetzt, aber Tatsache ist, ob wir es glauben wollen oder nicht, wir sind hier und wissen nicht, was als Nächstes kommen wird. Zeit, ein ehemals rares Gut, scheint für die meisten von uns im Überfluss vorhanden zu sein, während wir zu Hause in sozialer Isolation verharren. Sobald wir uns unseren Zustand eingestehen, können wir damit beginnen, mit der Zeit, die wir haben, positive Maßnahmen für eine bessere Gesundheit, innere Stärke und Bewusstheit einzuleiten.

Wir haben nicht nur Zeit im Überfluss, sondern auch die lauernde Angst, dass sich unser System vielleicht nie wieder erholt und das Leben, wie wir es kannten, vorbei ist. Wir sind uns nicht sicher, wie unsere Zukunft aussieht.

Wunschdenken besagt, dass sich in ein paar Monaten alles wieder normalisieren wird. Ich verstehe, wie verführerisch solches Denken sein kann, aber es ist vielleicht nicht so hilfreich, wie es auf den ersten Blick scheint, denn es kann uns in Untätigkeit verfallen lassen und uns in alten, wenig hilfreichen Mustern halten. Stattdessen können wir solche Momente nutzen, um zu bemerken, wie wir auf eine Art und Weise gelebt haben, die nach unserer eigenen Einschätzung ungesund, uninspiriert, sinnentleert und nicht förderlich für unser langfristiges Wohlbefinden ist.

Während es schön ist, auf das Beste zu hoffen, sind wir gut beraten, uns auf das Schlimmste vorzubereiten. Vielleicht haben wir nicht das Geld, um eine Waffe zu kaufen, Lebensmittel zu horten, einen Atombunker zu bauen oder was auch immer so viele Menschen jetzt tun. Aber wir haben eine andere Möglichkeit, uns vorzubereiten. Wir können in die eine Sache investieren, die die meisten Menschen, auch „Prepper", zu vernachlässigen pflegen: die Fitness unseres Geistes, Körpers und unserer Seele. Nichtsdestotrotz, wenn du einen sicheren Zugang zu Unterkünften, Wasser und Nahrung schaffen kannst, dann solltest du auch dies in Betracht ziehen.

Die Wahrheit ist jedoch, selbst wenn du Schutz, Wasser und Nahrung hast, dann wirst du nicht so leistungsfähig sein oder so gut leben, wie du es sonst tun könntest, wenn du deinen Körper, deinen Geist und deine Seele darauf konditioniert hättest, unter Druck leistungsfähig zu sein. Denke an eine Person, die sich im Wald verirrt hat. Die meisten Menschen, die in dieser Situation sterben, tun dies, weil sie in Panik geraten und anfangen zu laufen, bevor sie sich beruhigt haben. Sie laufen vielleicht stundenlang, vielleicht folgen sie den Spuren von jemandem, aber am Ende sind sie erschöpft. Oft sterben sie allein in ihrer Angst. Das Traurige daran ist, dass die Spuren, denen sie folgen, oft ihre eigenen sind, da sie immer wieder einen großen Kreis durch die Wildnis laufen, ohne zu merken, dass sie über eine Spanne von Kilometern um ihren Ausgangspunkt kreisen. Wären sie physisch und psychisch nicht so überwältigt gewesen, hätten sie vielleicht mehr von ihrer Umgebung wahrgenommen und klügere Entscheidungen getroffen, die ihr Leben hätten retten können. Weil wir in der modernen Welt so isoliert sind, erkennen wir oft nicht, dass der Zustand unseres Körpers, unseres Geistes und unserer Seele von zentraler Bedeutung für alles ist, was wir jemals erlebt haben und was wir jemals erleben werden. Die Gesundheit dieses dreiteiligen Wesens bestimmt nicht nur die Grundqualität unseres Lebens, sondern auch den Grad, in dem wir in der Lage sind, mit Druck umzugehen, bevor wir überwältigt werden.

Dieses Buch soll dir dabei helfen, deinen Geist, Körper und deine Seele durch uralte Trainingsmethoden der Samurai und anderer Traditionen der fernen Vergangenheit in Einklang zu bringen. Durch das Praktizieren dieser bewährten Methoden wird sich wahrscheinlich nicht nur deine körperliche Gesundheit verbessern, sondern auch deine geistige Klarheit und emotionale Stabilität.

Durch engagiertes Üben der hier gezeigten Methoden wirst du feststellen, dass du in der Lage bist, Ressourcen ruhiger Klarheit und Leistungsfähigkeit unter extremem Druck anzuzapfen, von denen du bisher nicht einmal wusstest, dass sie dir zur Verfügung stehen. Du wirst in deinem Leben mehr Verbundenheit mit den Menschen und der Umwelt um dich herum fühlen, was eine gewisse motivierende Bedeutung schafft. Die Qualität deines täglichen Lebens wird sich verbessern.

Dieses Buch ist nicht als Überlebensratgeber gedacht, aber viele der darin enthaltenen Prinzipien können in Zeiten der Not helfen, Leben zu retten. Das Buch wird dir dabei helfen, einige sehr grundlegende Überlebensprinzipien zu lernen und deinen Körper, deinen Geist und deine Seele auf harte Bedingungen vorzubereiten.

Durch diese Praktiken werden sich deine Fitness und dein Bewusstsein auf allen Ebenen verbessern. Die Tendenz Angst, Panik, Verleugnung, Depression und Gefühle der Bedeutungslosigkeit zu erleben, wird sich drastisch verringern, und du wirst dich als Mensch viel selbstbewusster und kraftvoller fühlen, fähiger, die Herausforderungen anzunehmen, die wir in einer sich verändernden Welt wahrscheinlich erleben werden.

Einführung

Die in diesem Buch gelehrten Methoden entstammen uralten Praktiken, die heute oft mit religiösen Ritualen verbunden sind. Bei der Ritualisierung dieser Praktiken geht jedoch meist etwas Wesentliches verloren: die Praktikabilität.

Um die wahren Anwendungen dieser alten Praktiken zu erkennen, habe ich die rituellen Elemente entfernt, damit du dich auf die wesentlichen Prinzipien konzentrieren kannst. Um dir zu helfen, mit deinem Training Fortschritte zu machen, habe ich auch ein leistungsfähiges Beurteilungs-Tool eingebaut, das dir hilfreiches Feedback über deine Verbesserungen geben wird. Die Übungen und das Feedback-System sind für Menschen mit beliebigem Hintergrund oder meditativem Erfahrungsniveau leicht zugänglich, direkt von zu Hause aus.

Aber warum solltest du mir vertrauen? Was qualifiziert mich, dieses Buch zu schreiben? Ich habe mein Leben dem Samurai-Training, der Meditation und den japanischen Therapiekünsten gewidmet, mit dem spezifischen Ziel, Körper, Geist und Seele zu vereinen. In diesem Bestreben verbrachte ich 15 Jahre in Japan, um bei den fortschrittlichsten Lehrern des Landes zu studieren und erhielt schließlich Meisterlizenzen in vier Samurai-Künsten sowie in einer Therapiekunst namens Sotai-Ho.

Basierend auf den Prinzipien alter Praktiken, die ich studiert habe, habe ich eine neue Methode des Bewusstseinstrainings formuliert, die ich „Total Embodiment Method (TEM)" nenne. TEM ist inspiriert von den Meister-

Samurai, die selbst im Chaos des Kampfes auf dem Schlachtfeld völlig ruhig und bewusst waren. Aus dem TEM-Lehrplan schrieb ich *Die Krieger-Meditation*, das ein Bestseller unter den Meditationsbüchern wurde. *Die Krieger-Meditation* wird als revolutionärer Ansatz gefeiert, weil es dadurch möglich wird, durch alle Aktivitäten des täglichen Lebens hindurch zu meditieren, nicht nur in geschützten, sitzenden Zuständen.

Die Quintessenz ist, dass die Total-Embodiment-Method dir helfen soll, dem Druck von Situationen, in denen es um Leben und Tod geht, ebenso standzuhalten wie den Belastungen und dem Druck des Alltagslebens. Darüber hinaus werden dir die gelehrten Praktiken auch helfen, während langer Perioden der Isolation, wie sie so viele von uns jetzt erleben, ruhig und klar zu sein.

Durch das TEM-Training wird sich deine grundlegende körperliche, geistige und emotionale Fitness verbessern, so dass du mit allen Aspekten des Lebens viel effektiver umgehen kannst, als du es sonst könntest. Genauso wichtig ist, dass diese Methoden dir auch helfen, mit den Dingen besser umzugehen, die nicht in deiner Macht liegen.

Jedes Werkzeug, das wir einsetzen werden, einschließlich des Feedback-Systems, wird dazu dienen, deine körperliche, geistige und emotionale Gesundheit zu verbessern. Da wir uns jeder dieser uralten Praktiken in der Meditation nähern werden, werden wir einige Elemente der Krieger-Meditation, dem grundlegenden Werkzeug der Total Embodiment Method, verwenden, um dir zu helfen, das Beste aus deinen Erfahrungen zu machen. Keine Sorge, die Krieger-Meditation ist recht unterhaltsam, sodass Langeweile vermutlich kein Problem sein wird. Sogar Kinder neigen dazu, sie leicht und unterhaltsam zu finden.

Wenn du die Krieger-Meditation bereits praktiziert hast, solltest du wissen, dass du hier eine neue Sichtweise erhältst, die dein aktuelles Verständnis und deine meditativen Fähigkeiten erweitern wird.

Psychology Today listet viele wissenschaftlich belegte Vorteile der Meditation auf, Vorteile, von denen du wahrscheinlich auch durch die Übungen in diesem Buch profitieren wirst:

- Verbesserte Immunfunktion, was zu verminderten zellulären Entzündungen und Schmerzen führt

- Erhöhte positive Emotionen durch Reduzierung von Angst, Depression und Stress
- Verbesserte Fähigkeit zur Introspektion durch eine ganzheitlichere, geerdete Lebensperspektive
- Verbessertes soziales Leben durch eine Steigerung der emotionalen Intelligenz und des Mitgefühls bei gleichzeitiger Verringerung von Unsicherheitsgefühlen
- Erhöhte Hirnsubstanz in Bereichen, die mit Aufmerksamkeit, positiven Emotionen, emotionaler Regulation und Selbstkontrolle zu tun haben
- Reduktion der emotionalen Reaktivität
- Verbessertes Gedächtnis, Kreativität und abstraktes Denken

Diese erstaunlichen Vorteile erfordern ein wenig Kultivierung, um sie zu erreichen. Einige werden schnell sichtbar, andere brauchen Zeit, um sich zu manifestieren. Um dir zu helfen, auf Kurs zu bleiben, erhältst du in diesem Buch ein Werkzeug zur Beurteilung deiner Fortschritte, das dir hilft, deine Entwicklung während des Übens zu beobachten und zu reflektieren. Wenn du bereits eine andere Form der Meditation anwendest, werden die hier gezeigten Prinzipien gut mit dem harmonieren, was du bereits praktizierst.

Wenn du einige der religiös assoziierten Übungen praktizierst, sind die abgespeckten Versionen, die du in diesem Buch findest, so konzipiert, dass sie ein Licht auf die Ursprünge und die Denkweise derjenigen werfen, die die Übungen ursprünglich praktiziert haben, was auch dir helfen sollte, das Beste aus deiner religiösen Praxis herauszuholen.

Du wirst nicht nur meditative Achtsamkeit üben, sondern du wirst dich während deiner Praxis absichtlich zunehmend unwohl fühlen, damit deine Achtsamkeit nicht versagt, wenn du und deine Lieben unter Stress stehen, Schmerzen haben oder sich in Notsituationen befinden.

Während einige der Übungen auf den ersten Blick extrem erscheinen mögen, solltest du wissen, dass sie für Jäger und Sammler auf der ganzen Welt ein normaler und natürlicher Teil des täglichen Lebens sind. Darüber hinaus sind in einigen Teilen der Welt religiöse oder ritualisierte Formen dieser Methoden immer noch üblich.

Erkenne an, dass sich unser Körper mit diesen Übungen entwickelt hat und dass sie, wenn sie vernünftig durchgeführt werden, unserem Körper helfen, bewusst und gesund zu sein. Die Anerkennung des natürlichen Nutzens der hier gelehrten Übungen hilft uns, die richtige Einstellung zu ihnen zu haben, so dass wir nicht anfangen, widerstrebende Gedanken zu nähren, die uns daran hindern könnten, maximalen Nutzen zu erlangen.

Indem wir unseren Körper, unseren Geist und unser Immunsystem stärken, entwickeln wir eine vertrauensvolle Beziehung zu unserem Körper, die nur durch das Erleben echter Herausforderungen entsteht. Ähnlich wie wir durch die künstlich herbeigeführten Belastungen beim Gewichtheben stärker werden, erleben wir das absichtliche Unbehagen dieser Übungen, um die Vorteile zu ernten.

Verstehe mich nicht falsch: Komfort hat seine Zeit und seinen Platz, aber zu viel davon macht uns auf allen Ebenen schwach. So wie wir ein angemessenes Maß an Komfort benötigen, um zum Beispiel gut zu schlafen und zu verdauen, so brauchen auch unser Körper, unser Geist und unsere Seele ein optimales Maß an Unbehagen, um fit zu sein.

Die Übungen sind einfach und sicher, wenn sie vernünftig praktiziert werden. Ich biete auch Methoden an, die dir helfen, sich den Übungen durch einen abgestuften Prozess zu nähern, so dass du sie nicht als überwältigend oder abschreckend erleben wirst. Die Übungen sind einfach, sie können direkt bei dir zu Hause durchgeführt werden. Außerdem sind sie so konzipiert, dass sie sich in dein tägliches Leben einfügen.

Wir alle wissen, wie leicht wir Ausreden hervorzaubern können, um gesunde Dinge nicht zu tun, die wir tun sollten. Ich weiß, dass mein Verstand, wenn ich es zulasse, versuchen wird, das Training zu vermeiden, indem er sich Rationalisierungen einfallen lässt oder es einfach vergisst. Um diese Möglichkeit auszuschließen, habe ich alle Übungen so gestaltet, dass sie leichte Abwandlungen von Dingen sind, die normale Menschen jeden Tag tun müssen. Da man diese Aufgaben ohnehin ausführen muss, wird es schwierig, das Training nicht einzubauen, ohne durch und durch zu wissen, dass man seinen Zielen ausweicht.

Anfänglich ist es ganz natürlich, dass man herausfordernde Übungen vermeiden möchte, aber wenn man sie mehr und mehr praktiziert werden, werden die unmittelbaren und längerfristigen Vorteile ganz klar. Kurzfristig wird dir sicherlich auffallen, wie vergleichsweise gut du dich direkt nach der Ausführung einer Übung fühlst. Von dort aus kannst du beobachten, dass du mehr Energie hast, klarer denkst, ruhiger bist und im Laufe des Tages viel mehr schaffst, als wenn du diese Übungen auslässt.

Einführung

Dadurch wirst du erkennen, dass du in der Lage bist, dich Schwierigkeiten zu stellen und diese zu überwinden, was deinen Geist befreit und dir im täglichen Leben viel Kraft gibt.

Durch diese TEM-Übungen wirst du eine gesunde, vertrauensvolle Körper/Geist-Beziehung aufbauen. Sobald ein ausreichendes inneres Vertrauen aufgebaut ist, wirst du sehen, dass dein Körper zu deinem Verbündeten geworden ist und sich deinen klugen, aber manchmal herausfordernden Zielen nicht mehr widersetzt.

Durch diese Übungen wirst du dich im Alltag viel bewusster, positiver und zuversichtlicher fühlen - unglaublich wichtige Ergebnisse. Aber es gibt einige unerwartete Nebeneffekte, die ich erwähnen sollte:

Du erlebst vielleicht Momente vollkommener, glückseliger Klarheit oder hast spontane Einsichten und Lösungen für Probleme, die vorher unlösbar schienen.

Vielleicht stellst du auch fest, dass lange gehaltener, ungelöster mentaler oder emotionaler Ballast und Traumata zu verblassen beginnen.

Mit Sicherheit wirst du dich im Alltag viel präsenter fühlen und möglicherweise den Puls im ganzen Körper wahrnehmen.

Du wirst dir auch deiner Umgebung bewusster werden. Manche Menschen berichten zum Beispiel, dass sie spüren können, wenn sie von hinten angestarrt werden oder wenn sie sich einer unsichtbaren Gefahr nähern.

Wenn sich dein Nervensystem und dein Geist ausreichend festigen, wirst du wahrscheinlich ein erhöhtes Maß an Intimität und sexuellem Vergnügen erleben und du kannst Perioden tiefen Einklangs erfahren, als ob du, wie man im Sport so schön sagt, in „The Zone" leben würdest.

Manche Menschen erleben visionäre Zustände als Ergebnis dieser Praktiken. Und viele Menschen berichten, dass sie ein Gefühl des transzendenten Einsseins mit allem Leben erfahren, was wahrscheinlich erklärt, warum Variationen dieser Praktiken in so viele Religionen auf der ganzen Welt aufgenommen wurden.

Wenn du mit dem Training beginnst, wirst du vielleicht meinen Namen verfluchen, aber ich bin zuversichtlich, dass du, sobald du die Vorteile erkennst, nur noch Gutes zu sagen haben wirst. In jedem Fall, mache weiter!

Schließlich biete ich für Personen, die bestimmte gesundheitliche Probleme haben, alternative Übungen an, die es ermöglichen, in kleineren Schritten auf eine bessere Gesundheit hinzuarbeiten. Personen mit schweren

Herzerkrankungen sollten ihren Arzt konsultieren, bevor sie diese Trainingsmethode ausprobieren.

Fangen wir mit dem Training an!

So verwendest du dieses Buch

Dieses Buch ist als Trainingshandbuch konzipiert, was bedeutet, dass du ein ganz anderes Verständnis der hier angebotenen Methoden und Denkweisen bekommen wirst, wenn du die Übungen durchführst, als wenn du sie einfach nur liest. Ohne das tägliche Training, das dieses Buch befürwortet, vermute ich, dass das Buch nicht sehr befriedigend sein wird, weil die Inspiration und der transformative Wert nicht so sehr vom Lesen als vielmehr vom Tun kommen.

Eine Strategie ist, das Buch zunächst komplett zu lesen, um einen Überblick über die Trainingsmethode zu erhalten und es dann nochmals zu lesen, während du das Training durchführst. Die andere Strategie ist, gleichzeitig zu lesen und zu üben, während du Kapitel für Kapitel voran gehst. In jedem Fall wird das Dokumentieren deiner Fortschritte in der Arbeitsmappe dein Training sehr unterstützen. Das Ausfüllen des Arbeitsbuchs wird dir nicht nur helfen, die Schlüsselpunkte dieser Trainingsmethode besser zu erkennen, sondern auch die unsichtbaren Kräfte, die dein Bewusstsein blockiert haben könnten, deutlicher wahrzunehmen. Du findest das Schritt-für-Schritt Arbeitsbuch am Ende des Buches. Wenn du es lieber herunterladen und ausdrucken möchtest, kannst du dies unter der folgenden URL tun:
https://richardlhaight.com/uaworkbook/

Bei täglicher Anwendung wirst du bald anfangen, tiefgreifende positive Veränderungen in deiner Energie, deiner Einstellung, deinem Denken, deinem Fühlen, deinem Engagement und deiner Fähigkeit, deine Ziele jeden

Tag zu verfolgen, zu bemerken. Sei nicht überrascht, wenn sich dein allgemeiner Gesundheitszustand zum Besseren zu verändern beginnt. Am wichtigsten ist jedoch, dass sich dein Bewusstsein enorm erweitern wird.

Denke schließlich daran, dass die Trainingsmethoden hier dazu gedacht sind, im Tempo jedes Einzelnen erlebt zu werden. Es hat keinen Sinn, so schnell wie möglich durch das Training zu hetzen. Gehe stattdessen in einem Tempo vor, das herausfordernd, aber nicht völlig überwältigend ist. Abgesehen davon ist Ausdauer der Schlüssel zu jeder Lebensveränderung, also sei sicher, dass du jeden Tag für dich selbst und das Training da bist.

Mit dir in der Ausbildung,
Richard L. Haight

P.S. Mit diesem Buch biete ich dir eine 30-tägige Testversion meines täglichen Online-Programms für geführte Meditationen (in englischer Sprache) an, d.h. ich werde dich jeden Tag persönlich durch die Schritte der Krieger-Meditation führen. Den Link dazu findest du am Ende des Buches. Tausende von Menschen machen das bereits jeden Tag!

Teil 1

Geist-Körper-Restrukturierung

Das TEM-Training ist so konzipiert, dass es unseren Körper und unseren Geist auf eine hochintegrierte Weise beeinflusst, die es dir mit etwas Übung ermöglicht, Achtsamkeit oder Meditation vollständig in dein tägliches Leben zu integrieren. Die Menschen neigen dazu, Meditation und Achtsamkeit als eine rein mentale Übung zu betrachten. Solange wir diese Sichtweise von Meditation haben, sind die Vorteile, die wir aus der Praxis gewinnen können, stark eingeschränkt.

Die Wahrheit ist, dass die meisten von uns hochgradig verkörperte körperliche, mentale und emotionale Furchen haben, die viel tiefer verlaufen als bloßes Denken. Diese tieferen Themen anzugehen, erfordert ein Training des Körpers und des Geistes mit einem gewissen Maß an diszipliniertem Verhalten und Selbststudium.

Durch das TEM-Training werden wir alle drei Herausforderungen ansprechen: körperlich, geistig und emotional. Um dies erfolgreich zu tun, ist es hilfreich, wenn du verstehst, welche Systeme des Körpers sich durch das Training verändern werden und wie diese Veränderungen Körper, Geist und Emotionen beeinflussen.

Das Studium der Geist-Körper-Umstrukturierung wird ein wesentlicher Bestandteil sein, um dich auf dem Weg zu halten, denn du wirst die manchmal kontraintuitiven Zeichen des Fortschritts schnell erkennen. Wenn du die Zeichen sehen kannst, wenn sie auftauchen, wirst du dich ermutigt fühlen, mit dem Training fortzufahren, selbst wenn du dich unwohl fühlst. Jeder dauerhafte Fortschritt erfordert beharrliches Üben. Zu wissen, wie sich Geist und Körper durch dieses Training umstrukturieren, wird sich als entscheidend erweisen.

In Teil I erfährst du, wie dein Gehirn Nervenbahnen in seinem Prozess des Lernens und der Anpassung an den Moment strukturiert und wie du diese neuronalen Bahnen absichtlich umstrukturieren kannst, um das Bewusstsein im täglichen Leben zu optimieren. Du wirst auch etwas über die körperlichen Veränderungen erfahren, die auf der Ebene des Nervensystems, der Zellen und der Blutgefäße auftreten, während du durch das Trainingsprogramm fortschreitest. Diese Veränderungen werden dir mehr Energie und Widerstandsfähigkeit unter Druck geben, so dass du bewusst bleiben kannst, auch wenn du dich unwohl fühlst

Kapitel 1

Neuroplastizität

Die meisten Menschen gehen unbewusst davon aus, dass die Art und Weise, wie sie jetzt denken und fühlen, die Art und Weise ist, wie sie immer denken und fühlen werden, dass die Gewohnheiten und Süchte, die uns plagen mögen, uns für den Rest unseres Lebens begleiten werden. Wenn Menschen älter werden, neigen sie dazu, ihre Fähigkeit, zu lernen und sich zu verändern, aufzugeben - eine Haltung, die oft als „festgefahren" umschrieben wird.

In der Tat ist niemand wirklich festgefahren, aber diese Haltung kann die Illusion erzeugen, festgefahren zu sein. Bis vor kurzem neigte die wissenschaftliche Gemeinschaft zu der Annahme, dass sich das Gehirn nicht mehr viel verändert, sobald ein Individuum das Erwachsenenalter erreicht hat. Im Laufe der Jahre erholten sich jedoch eine Reihe von Menschen mit Hirnschäden auf eine Weise, die keinen Sinn machte, wenn das Gehirn nicht in der Lage wäre, sich anzupassen. Die Forschung an solchen Individuen zeigte, dass das Gehirn sich ständig neu aufbaut, unbenutzte Neuropfade abbaut und neue aufbaut, um dem Individuum zu helfen, sich an seine sich verändernde Umgebung anzupassen, und zwar während des ganzen Lebens des Individuums.

Mit der unbestreitbaren Beobachtung, dass sich das Gehirn ständig verändert, macht die Einstellung, in irgendeiner Weise „festgelegt" zu sein, nicht mehr viel Sinn. Ja, viele Menschen scheinen tatsächlich in ihren Gewohnheiten festzustecken, was wirklich bedeutet, dass sie in Gewohnheiten feststecken, aber ein Teil des Grundes, warum sie feststecken, ist die falsche Annahme, dass das Feststecken natürlich oder unvermeidlich ist, weil das Gehirn sich nicht ändern kann. Wenn du glaubst, dass du feststeckst und dass du nichts dagegen tun kannst und daher auch nicht die nötige Anstrengung unternimmst, um aus der Gewohnheit auszubrechen, ist dein Glaube selbsterfüllend. Er ist aber trotzdem falsch.

Um dir dabei zu helfen, über die Grenzen des „Eingestellten" hinaus zu sehen, lass uns einen Blick auf das neuronale Netzwerk, bekannt als das Gehirn, werfen, um ein größeres Verständnis für seine unglaubliche Flexibilität, bekannt als Neuroplastizität, zu bekommen und wie wir beginnen können, uns in diesen biologischen Prozess einzuschalten, um die Qualität unseres Lebens zu verbessern.

Forscher der Stanford University School of Medicine haben mit einem hochmodernen, bildgebenden System zum Scannen von Hirngewebe herausgefunden, dass das durchschnittliche menschliche Gehirn etwa 200 Milliarden Nervenzellen, sogenannte Neuronen, enthält. Neuronen verbinden sich mit anderen Neuronen über Verbindungspunkte, die Synapsen genannt werden. Diese Punkte leiten elektrische Impulse von einem Neuron zum anderen weiter.

Wir könnten uns vorstellen, dass ein einzelnes Neuron nur mit einem oder wenigen anderen Neuronen verbunden ist, ähnlich wie die Verdrahtung in einer Leiterplatte, aber die Realität ist viel unglaublicher. Wie sich herausstellt, kann ein einzelnes Neuron Zehntausende von synaptischen Kontakten mit anderen Neuronen haben.

In Anbetracht der unglaublichen Vernetzungsfähigkeit von Neuronen könnte man annehmen, dass jedes Neuron ziemlich groß ist, aber das wäre falsch. Selbst bei all der enormen Vernetzung der Neuronen messen sie einzeln weniger als ein Tausendstel eines Millimeters im Durchmesser.

Wenn du jemals ein Stück Holz oder Rinde in einem Wald umgedreht hast, ist dir vielleicht ein Komplex aus weißem Gewebe aufgefallen, das an den ehemaligen Verbindungsstellen zwischen dem Holz und dem Boden wächst. Dieses weiße Material nennt man Myzel, das Wurzelsystem von

Pilzen. Überraschenderweise funktioniert die neurologische Matrix unseres Gehirns ähnlich wie das Pilzmyzel, das ebenfalls Signale durch Komponenten wie die Synapse überträgt, die erstaunlich klein sind. Die Matrix ist so komplex und engmaschig, dass es ziemlich schwierig ist, sich die Komplexität der „Schaltkreise" vorzustellen, aus denen unser Fühlen, Denken und Motivationssystem besteht.

Erstaunlich ist, dass ein einzelnes Neuron, selbst mit seiner unglaublich winzigen Ausdehnung im physikalischen Raum, phänomenale Speicher- und Verarbeitungsfähigkeiten enthält. Stephen Smith, PhD, ist Professor für molekulare und zelluläre Physiologie, der zusammen mit Kristina Micheva, PhD, die Array-Tomographie erfunden hat, eine bildgebende Methode, die es uns ermöglicht, die wahre Komplexität des Gehirns zu sehen. Smith erklärt: „Eine Synapse für sich genommen gleicht eher einem Mikroprozessor, mit Speicher- und Informationsverarbeitungselementen, als einem bloßen An/Aus-Schalter. In der Tat kann eine Synapse molekulare Schalter in der Größenordnung von 1.000 enthalten. Stell dir nun vor, dass dein Gehirn 200 Milliarden solcher Miniprozessoren hat, die zusammenarbeiten" (Stunning Details of Brain Connections Revealed).

Wenn wir uns das in den Neuronen gespeicherte Gedächtnis genauer ansehen, entdecken wir, dass jedes Neuron von allen angeschlossenen Neuronen und deren Gedächtnisassoziationen beeinflusst wird. Jedes Neuron ist potenziell mit Zehntausenden von Assoziationen verbunden, was bedeutet, dass das Gehirn einen Ozean von Erinnerungen enthält, von denen die überwiegende Mehrheit unbewusst ist.

Der wirklich faszinierende Aspekt dieses massiven Gedächtnisfeldes ist, dass, wenn sich das Gehirn verändert, sich auch die Erinnerungen und Assoziationen mit ihm verschieben. Dieses Konzept mag auf den ersten Blick extrem kontraintuitiv erscheinen, doch jedes Mal, wenn du auf eine Erinnerung zugreifst, veränderst du diese. Es stellt sich heraus, dass bei jedem Zugriff auf eine Erinnerung Aspekte deiner aktuellen Lebensumstände in die Erinnerung geschrieben werden und diese auf unbewusste Weise beeinflussen. Aufgrund der Art und Weise, wie die Erinnerung umgeschrieben wird, haben viele Erwachsene falsche Erinnerungen an ihre junge Kindheit, die auf Geschichten basieren, die ihnen von Familienmitgliedern erzählt wurden. Ein Kind kann sich an ein Erlebnis erinnern, das es in Wirklichkeit nie hatte, weil es die Geschichte gehört hat, als es noch klein war. Die falsche Erinnerung, so lebendig sie auch erscheinen mag, ist das Produkt der Phantasie.

In Anbetracht der sich ständig verändernden Natur des Gehirns und des Gedächtnisses können wir erkennen, wie es möglich ist, dass sich unser Selbstgefühl auf ermächtigende oder entmutigende Weise verändern kann. Da das Selbstgefühl der meisten Menschen durch das Gedächtnis gesteuert wird, verändert sich das Gedächtnis auf subtile Weise, wenn sich das Gehirn verändert, was es jeden Moment tut. Selbst wenn wir uns der Veränderung nicht bewusst sind, findet sie statt.

Wenn wir einmal erkannt haben, dass sich das Gehirn ständig verändert, brauchen wir nicht länger in dem Glauben gefangen zu sein, dass wir in unseren Wegen „feststecken", es sei denn, wir wollen weiterhin feststecken. Um unser Leben zu bereichern, sind wir gut beraten, die Fähigkeit des Gehirns, sich durch den als Neuroplastizität bekannten Mechanismus ständig umzugestalten, bewusst zu nutzen.

Wir wissen jetzt, dass alles, worauf wir im Wachzustand achten oder was wir üben, im Gehirn verstärkt wird, wenn wir schlafen. Während des Schlafs werden Ressourcen von Bahnen, die nicht genutzt werden, abgezogen und den Bahnen zugewiesen, die während des Tages stimuliert wurden. Wenn wir erkennen, wie sich das Gehirn verändert, können wir beginnen, bewusst das zu stimulieren, was wir im Gehirn verstärken wollen.

Wenn du Achtsamkeit nicht täglich auf produktive Weise praktizierst und wenn du nicht genügend Schlaf bekommst, dann wird sich dein Prozess der Lebensbereicherung verlangsamen. Vorausgesetzt du übst und schläfst einigermaßen gut, wirst du bemerkenswerte Fortschritte machen. Selbst ein paar Minuten bewusste Meditationspraxis jeden Tag helfen. Aus meiner eigenen Erfahrung und dem Feedback von Schülern ist klar, dass auch bei gestörtem Schlaf die positiven Veränderungen möglich sind, sich aber einfach langsamer entfalten.

Der Grad, mit dem du dich mit deiner meditativen Praxis beschäftigst, bestimmt den Grad, in dem das Gehirn darauf reagiert. Wenn du dein Training ernst nimmst und es zu einer Priorität in deinem Leben machst, wirst du wahrscheinlich schon auf kurze Sicht bemerkenswerte Vorteile ernten. Die wirkliche Veränderung findet jedoch erst auf lange Sicht statt.

Die Realität, der wir uns stellen müssen, ist, dass das Gehirn daran gewöhnt ist, auf Reize in bestimmter disharmonischer Weise zu reagieren, in einer Weise, die dem Bewusstsein zuwiderläuft, in einer Weise, die den Effekt der Selbstabsorption erzeugt. Wenn wir erkennen, dass wir kontraproduktive emotionale und perspektivische Gewohnheiten haben, können wir beginnen, über das Prinzip der Neuroplastizität Veränderungen vorzunehmen. Die Frage ist nur, ob du dich entscheidest, die Gelegenheit zu nutzen, dein Gehirn jeden Tag neu zu schreiben.

Noch einmal: Wenn du älter bist, könntest du dir Sorgen machen, dass du weniger Potenzial hast, von der Neuroplastizität zu profitieren als Kinder, aber lass dich von dieser Sorge nicht davon abhalten, positive Maßnahmen zu ergreifen. Die Forschung zeigt, dass mit einem gesunden Lebensstil und Ausdauer im Laufe der Zeit auch Senioren eine produktive Veränderung des Gehirns fördern können. Bewege dich einfach jeden Tag weiter in Richtung eines größeren Bewusstseins und du wirst weitaus besser dran sein, als wenn du in Selbstgefälligkeit verfallen würdest.

Eines der Haupthindernisse, auf die du stoßen könntest, wenn du bestehende Gehirnmuster mit neuen Perspektiven und Praktiken in Frage stellst, ist, dass unangenehme Gefühle aufkommen könnten. Sich unangenehm zu fühlen, ist sicherlich störend, daher ist es verständlich, dass wir diese Erfahrung vermeiden wollen. Das Vermeiden von Unbehagen führt uns jedoch oft vom Fortschritt weg, denn Unbehagen ist ein notwendiger Teil des Lernens.

Um eine Vorstellung davon zu bekommen, was ich meine, betrachte den Unterschied in deiner Fähigkeit, mit deinem dominanten Arm zu schreiben oder einen Ball zu werfen, im Vergleich zu deinem anderen Arm. Die meisten von uns sind so sehr daran gewöhnt, einen Ball zu werfen oder mit demselben Arm zu schreiben, dass wir niemals unseren nicht-dominanten Arm für diese Aktivitäten verwenden, was zu einer völligen Ungeschicklichkeit mit der sekundären Gliedmaße und manchmal zu einem beobachtbaren muskulären Ungleichgewicht zwischen den beiden Seiten des Körpers führt. Wir sind süchtig geworden nach dem Gefühl des Vertrauens, das wir bekommen, wenn wir unseren primären Arm benutzen.

Tatsächlich ist nicht nur dein sekundärer Arm unterentwickelt und dysfunktional, sondern auch die neuronalen Bahnen des Gehirns, die mit der Funktionalität dieses Arms zusammenhängen. Dein Gehirn ist mit dem Schreiben oder dem Werfen eines Balls mit dem sekundären Arm nicht vertraut, weil ihm die Stimulation fehlt, die es ihm erlauben würde, eine Reihe von neuronalen Bahnen, die mit diesen Aktivitäten in Verbindung stehen, vertraut zu machen.

Genauso wie das Werfen eines Balls oder das Schreiben mit der nicht dominanten Hand unbeholfen sein kann, können auch viele andere wichtige Nervenbahnen unterentwickelt sein, die sich auf das Bewusstsein und die Körper-Geist-Beziehung beziehen. Durch das in diesem Buch angebotene Training werden wir diese ungünstigen Bereiche ansprechen, sodass neues Bewusstsein, Gleichgewicht und eine gesündere, stärker verbundene Körper-Geist-Beziehung entstehen kann.

Der berühmte japanische Kampfkunstmeister Takeda Sokaku, Oberhaupt des Daito-ryu Aikijujutsu (die Form des Jujutsu, die ich studiere und lehre), war in der Lage, sein Schwert mit beiden Händen gleich gut zu benutzen, was er sich selbst antrainierte. Traditionell muss man das Schwert mit der dominanten rechten Hand ziehen und halten. Takeda Sensei fühlte, dass es eine Schwäche war, eine unausgewogene Fähigkeit zu haben, also bemühte er sich besonders, sein Training ausgewogen zu gestalten. Er hatte einen deutlichen Vorteil gegenüber jedem, der so trainiert wurde, dass er von der rechten Hand abhängig war.

Als Ergebnis seines Trainings wurde seine Schwertkunst extrem flexibel, ebenso wie sein Geist und sein Bewusstsein. Er konnte das Kurzschwert genauso gut benutzen wie das Langschwert und zwei Schwerter genauso gut wie ein Schwert. Viele seiner Schüler erzählten, wie er immer trainierte, alles mit seiner nicht-dominanten Hand zu machen, um die Fähigkeiten seiner Haupthand zu erreichen. Es wäre ratsam, einen ähnlichen Ansatz für dein Training zu wählen, damit du deine Schwächen ständig auf kreative Weise herausforderst.

Obwohl Takeda Sensei sicherlich nichts von Neuroplastizität wusste, entwickelte er unglaubliche Fähigkeiten und wurde als einer der größten Kampfsportler Japans bekannt. Nachdem ich von seinen Trainingsmethoden gehört hatte, begann ich, meine nicht-dominante Hand häufiger bei Aufgaben einzusetzen, die ich zuvor nur mit der rechten Hand ausgeführt hatte. Zum Beispiel fing ich an, mit Stäbchen in der linken Hand zu essen, anstatt mit der rechten. Es dauerte ein paar Wochen, bis mein Gehirn darauf trainiert war, die Stäbchen mit der linken Hand zu benutzen, aber schon bald machten mir Japaner Komplimente, wie gut ich die Stäbchen benutzte. Sie waren schockiert, wenn ich ihnen sagte, dass ich kein Linkshänder bin und sie gaben meist zu, dass sie mit ihrer zweiten Hand keine Essstäbchen benutzen konnten. Zum Spaß nahm ich mit meiner rechten Hand ein weiteres Paar Essstäbchen und aß mit beiden Händen wie eine Krabbe.

Um eine Vorstellung davon zu bekommen, wie dein Gehirnmuster deine körperliche Funktionalität ermöglicht, versuche die folgende Übung:

Nimm einen Stift in die Hand, schreibe deinen Namen mit deiner Haupthand und merke, wie leicht und natürlich sich das anfühlt. Wechsel als nächstes den Stift zu deiner anderen Hand und versuche, deinen Namen mit dieser Hand zu schreiben. Beobachte, wie unbeholfen es sich anfühlt. Achte auch darauf, wie sehr du dich im Vergleich zur Verwendung deiner Haupthand konzentrieren musst. Die Anstrengung, die du spürst, liegt nicht so sehr in den Muskeln deines Arms, sondern in deinem Gehirn, das versucht, neurologische Verbindungen herzustellen, um die Bewegung zu ermöglichen. Sobald diese Verbindungen ausreichend entwickelt sind, wird sich das Schreiben mit der nicht-dominanten Hand nicht mehr unangenehm anfühlen.

Schreiben ist eine relativ schwierige Aufgabe für unsere nicht-dominante Hand, daher dient es als offensichtliche Möglichkeit, die aktuelle Einschränkung deines Gehirns zu demonstrieren und zu zeigen, wie es sich fühlt, wenn es neue neuronale Bahnen verknüpft. Wenn wir die Übungen in diesem Buch durchgehen, denke daran, dass es sich unangenehm und unbequem anfühlt, wenn dein Gehirn neuronale Bahnen aufbaut. Das heißt, sobald sich eine Übung leicht und bequem anfühlt, musst du sie, um dich weiter zu verbessern, etwas anspruchsvoller gestalten, um die weitere neurologische Entwicklung anzuregen.

Wenn wir das Training auf diese neurologisch bewusste Weise angehen, ergeben sich mächtige Vorteile. Der erste ist, dass unser Training weniger vom Ego getrieben sein wird, weil wir ohne Zweifel wissen werden, dass es uns nicht ausreichend herausfordert, nur an dem zu arbeiten, was uns gut aussehen lässt oder bei dem wir uns wohl fühlen. Wenn wir Fähigkeiten entwickeln und sie durch die unangenehmen, unbehaglichen Gefühle verfeinern, die mit dem Erlernen von etwas Herausforderndem einhergehen, wird das Gehirn auch lernen, dass die Anstrengung und das Unbehagen, die zur Verbesserung nötig sind, die Investition wert sind.

Am wichtigsten ist, dass das Gehirn lernt, dass es sich Schwierigkeiten stellen und durch sie hindurchgehen kann, um sich zu verbessern, was deine gesamte Lebensauffassung verändert. Was auch immer das Leben bringt, wird dein Mittel zur Verfeinerung auf so vielen Ebenen: körperlich, mental, emotional und spirituell. Jeder Moment ist eine Chance!

Kapitel 2

Vagusnerv-Stimulation

Nachdem wir nun verstanden haben, wie sich das Gehirn verändert und wie wir diese Veränderungen bewusst zur Selbstverbesserung steuern können, ist es an der Zeit, ein Gefühl dafür zu bekommen, wie sich das Nervensystem und der Körper als Ergebnis der TEM-Trainingsübungen, die wir in den kommenden Kapiteln erkunden, verändern werden.

Die erste und offensichtlichste Veränderung wird durch die Stimulation des Vagusnervs erreicht, der einer von neun Hirnnerven ist. Der Vagusnerv steuert eine Vielzahl von Vitalfunktionen, indem er motorische und sensorische Impulse an die Organe weiterleitet. Der Vagusnerv verbindet deinen Hirnstamm mit deinen viszeralen Organen, wodurch er das parasympathische Nervensystem steuert und hilft, den Kampf-Flucht-Starre-Adrenalin-Reaktionen des sympathischen Nervensystems, wie Stress, Angst, Depression und Panik, entgegenzuwirken.

Diese sympathischen Reaktionen verursachen einen Großteil der mentalen, emotionalen und körperlichen Schmerzen, die viele von uns jeden Tag erleben. Abgesehen davon, dass sie den Verstand und die Emotionen auf Hyperreaktivität und körperliche Schmerzen vorbereiten, verursachen die Kampf-Flucht-Starre-Reaktionen auch viele der Fehler, zu denen wir neigen, wenn wir unter Druck stehen.

Glücklicherweise haben wir viele Möglichkeiten, den Vagusnerv zu stimulieren, um aus dem stressigen Kampf-oder-Flucht-Modus in den Ruhe- und-Verdauungs-Modus des parasympathischen Nervensystems zu wechseln. Der Ruhe- und Verdauungsmodus ist der Modus, in dem sich unser Körper zu 90 % der Zeit befinden würde, wenn wir als Jäger und Sammler leben würden, was genau die Art und Weise ist, in der sich unser Körper entwickelt hat.

Damit du erkennen kannst, wann dein Training den Vagusnerv stimuliert und dein Nervensystem verschiebt, lass uns ein wenig über die Wissenschaft der vagalen Stimulation lernen.

Die Forschung hat viele gesundheitliche Vorteile der vagalen Stimulation gezeigt. Sie

- Verhindert Entzündungen, indem sie dazu beiträgt, die richtige Immunantwort zu regulieren
- Verbessert die Kommunikation zwischen Darm und Gehirn, um eine präzisere Intuition zu ermöglichen
- Verbessert das Gedächtnis, indem sie die Freisetzung von Noradrenalin in der Amygdala auslöst, die Erinnerungen konsolidiert
- Verbessert die Herzschlagregulation durch elektrische Impulse an das Muskelgewebe im rechten Vorhof
- Initiiert die Entspannungsreaktion des Körpers durch die Freisetzung von Acetylcholin, Prolaktin, Vasopressin und Oxytocin
- Reduziert oder verhindert die Symptome von rheumatoider Arthritis, hämorrhagischem Schock und anderen schweren entzündlichen Erkrankungen, die früher als unheilbar galten

Wie du sehen kannst, hat die Stimulation des Vagusnervs tiefgreifende Auswirkungen auf den Körper und den Geist, sodass das Praktizieren verschiedener Formen der Vagusstimulation wesentlich dazu beitragen wird, eine höhere Lebensqualität zu erreichen und ein bewussteres Individuum zu werden.

In den folgenden Kapiteln werden wir mit verschiedenen Methoden experimentieren, die alle bei der Tonisierung des Vagusnervs hilfreich sind, um die oben genannten, wissenschaftlich belegten Vorteile zu nutzen. Um eine Vorstellung davon zu bekommen, wie kraftvoll die Stimulation des Vagusnervs sein kann, versuche die folgende Übung:

Hinweis: Die hier gelehrte, vagale Atemmethode ist eine Form des Valsalva-Manövers. Die Methode erzeugt einen intra-abdominalen Druck, der leicht zu einem Blutdruckabfall führen kann, der einen Ohnmachtsanfall verursachen kann. Die primäre Gefahr ist ein Sturz, aber Personen mit Herzproblemen, Personen mit Schlaganfallrisiko oder Personen mit intraokularen Linsenimplantaten oder Retinopathie wie Glaukom sollten vor der Durchführung eines Valsalva-Manövers einen Arzt konsultieren. Beachte auch, dass mein Verweis auf „vagale Atmung" nicht mit anderen Traditionen in Verbindung gebracht werden sollte, die denselben Begriff für eine etwas andere Praxis verwenden.

1. Setze dich hin, um dich im Falle einer Ohnmacht in Sicherheit zu bringen.
2. Nimm einen vollen Atemzug und halte ihn an, während du deinen gesamten Körper anspannst. Achte darauf, auch das Gesicht anzuspannen. Halte die Spannung zusammen mit dem Atem.
3. Auch wenn es den Anschein hat, dass deine Lungen voll sind, ist dies nicht der Fall. Ohne die aktuelle Luft in der Lunge auszuatmen, atme wieder ein, um die Lunge vollständig zu füllen.
4. Halte die Luft und die körperliche Spannung so lange wie möglich an.
5. Wenn du den Atem nicht mehr anhalten kannst, atme langsam aus und entspanne den Körper. Erlaube deinem Körper, natürlich zu atmen.

Beachte, wie viel ruhiger und entspannter du dich nach nur einem vagalen Atemzug fühlst. Wenn du deinen Blutdruck und deine Herzfrequenz vor und nach diesem einen Atemzug gemessen hättest, würdest du eine bemerkenswerte Veränderung feststellen. Durch diesen einen vollen

Atemzug, der kurz gehalten wurde, hast du den Vagusnerv stimuliert, der mit dem Rest deines Körpers kommuniziert und ihn in einen entspannten, aber bewussten Zustand bringt.

Es wäre ratsam, die vagale Atmung jeden Tag ein wenig zu üben, wenn du Zeit hast. Die vagale Stimulation ist extrem kraftvoll und gesund. Aufgrund ihrer ganzkörperlichen Wirkung auf Gesundheit und Bewusstsein beinhalten alle TEM-Praktiken ein Element der vagalen Stimulation.

Die Veränderungen im Gefühl und im Puls, sowie viele weitere, die du vielleicht nicht bemerkt hast, treten jedes Mal auf, wenn du den Vagusnerv stimulierst. Wenn du dich daran erinnern kannst, den Vagusnerv jeden Tag bewusst zu stimulieren, hast du bereits die grundlegende Qualität deines Lebens auf eine offensichtliche Weise verbessert.

Obwohl ich die vagale Atmung nicht erwähne, wenn ich die anderen Aktivitäten dieses Buches erkläre, kannst du die Methode, die du gerade gelernt hast, nach Belieben mit den anderen Aktivitäten kombinieren, die wir in den kommenden Kapiteln erforschen werden. Wenn du das tust, wirst du vielleicht überrascht sein, wie schnell sich dein Leben dadurch verändert.

Kapitel 3

Andere körperliche Veränderungen

Neben den Vorteilen der bewusst gesteuerten Neuroplastizität, der Tonisierung des Vagusnervs und der daraus resultierenden Verbesserung der Herzfrequenzvariation, die die vagale Stimulation mit sich bringt, können wir auf verschiedene andere wissenschaftlich belegte gesunde Veränderungen zurückgreifen, die im Körper als Folge des TEM-Trainings auftreten. In diesem Kapitel werden wir diese Veränderungen kennenlernen und erfahren, wie sie unserem Leben auf körperlicher, geistiger und emotionaler Ebene zugute kommen.

Kreislaufsystem

Mehrere Übungen, die wir in unser meditatives Training einbauen, stärken das Kreislaufsystem, indem sie die Muskeln innerhalb der Wände der Blutgefäße tonisieren: die Arterien, Arteriolen, Venen und Venolen.

Durch diese Tonisierung können die Blutgefäße ihren Durchmesser optimal anpassen, um einen angemessenen Blutdruck und Blutfluss aufrechtzuerhalten, wenn der Körper unter starkem Druck steht. Durch die Straffung der Muskeln des Gefäßsystems können sich diese effektiver ausdehnen, um die erforderlichen Änderungen des Blutvolumens entsprechend den Gegebenheiten des Körpers auszugleichen.

Das Ergebnis einer gut durchtrainierten Kreislaufmuskulatur ist ein Körper, der viel besser in der Lage ist, mit Druck aller Art umzugehen und seine Kraft und Ausdauer zu erhalten. Die Frage, die du dir vielleicht stellst, ist: „Wie wirkt sich die Muskelkraft meiner Blutgefäße auf mein Bewusstsein aus?"

Das ist eine wichtige Frage. Denke an Momente in deinem Leben zurück, in denen du dich kränklich, schwach, erschöpft oder überwältigt gefühlt hast. In diesen Zeiten waren höchstwahrscheinlich auch dein emotionaler Zustand und dein Denken nicht in Ordnung, was bedeutet, dass du nicht auf das Gewahrsein eingestimmt warst. Da wir versuchen, auch unter Druck und Stressoren, die andere Menschen dazu bringen würden, die Kontrolle über ihren Geist zu verlieren, bewusst und meditativ zu bleiben, ist ein starkes Kreislaufsystem erforderlich.

Diese Lehre ist nicht neu. Tatsächlich besagt die Legende, dass der Grund, warum die Mönche begannen, Shaolin Kung-Fu zu praktizieren, der ist, dass sie durch die sitzende Meditation so schwach geworden waren, dass sie ständig einschliefen. Bodhidharma, der Mönch, dem es zugeschrieben wird, den Chan-Buddhismus nach China gebracht zu haben, soll Trainingsmethoden entwickelt haben, um die Mönche zu stärken, sodass sie während ihrer Praxis nicht mehr einschliefen.

Die Legende besagt, dass Bodhidharma Kampfkunst und Atemtraining als Mittel zur Verbesserung ihrer Meditationspraxis empfahl. Diese Praktiken kombinierten sich mit den lokalen Kampfkünsten und wurden zu dem, was wir heute als Shaolin Kung-Fu kennen.

Während das Kung-Fu von heute wahrscheinlich ganz anders ist, als es damals praktiziert wurde, bleibt dennoch der Punkt, dass körperliche Konditionierung auf allen Ebenen wichtig für unsere Gesundheit ist. Wenn du nicht an Kung-Fu interessiert bist, dann mach dir keine Sorgen, denn wir werden in diesem Buch keine Kampfsporttechniken lernen. Wir haben andere Möglichkeiten, den Körper zu entwickeln. Aber bevor wir zu diesen Methoden kommen, lass uns ein wenig über weitere Veränderungen lernen, von denen wir profitieren werden.

Andere körperliche Veränderungen

Zelluläre Veränderungen

Mitochondrien sind Organellen innerhalb von Zellen, die ihren eigenen, eindeutigen genetischen Code haben. Mitochondrien sind keine menschlichen Zellen, sondern offenbar die Überbleibsel einer biologischen Symbiose, die vor Millionen von Jahren in mehrzelligen Organismen stattfand, wobei ein Bakterium in eine Zelle eindrang und die nützliche Aufgabe bekam, viele Stoffwechselaufgaben für die Zelle zu übernehmen, vor allem die Energieproduktion.

Wenn die Theorie der Symbiose zwischen Bakterien und mehrzelligen Organismen tatsächlich zutrifft, scheint die Beziehung für alle Beteiligten außerordentlich gut funktioniert zu haben. Auf jeden Fall wurde das Bakterium zu einem festen Bestandteil des tierischen Lebens - eine dauerhafte Partnerschaft, in der die Mitochondrien den Energiebedarf der Zellen decken und sie so für andere lebenswichtige Aktivitäten freisetzen. Deine Körperwärme und -energie stammt in erster Linie von der Arbeit dieser kleinen Mitochondrien in deinen Zellen - Dankbarkeit ist angesagt!

Ob du es weißt oder nicht, die Mitochondrien tun ihre Arbeit. Du fragst dich vielleicht, warum wir uns die Mühe machen, etwas über sie zu lernen. Sie sind für unsere Studien hier von Bedeutung, denn durch die Anwendung bestimmter Übungen kannst du die Anzahl der Mitochondrien in deinen Zellen erhöhen und so die lebenswichtige Energie deines Körpers schützen und potenziell aufwerten. Studien haben gezeigt, dass im Durchschnitt die Funktion und die Anzahl der Mitochondrien mit dem Alter des Körpers abnimmt. Ein 40-jähriger Mensch hat nur noch einen Bruchteil der zellulären Energieleistung, die er bei seiner Geburt hatte.

Wenn die zellulären Mitochondrien schwach werden und/oder zahlenmäßig nicht mehr ausreichen, um die zellulären Funktionen zu versorgen, reagiert der Körper weniger effizient auf Stress und leidet stärker unter dem Druck des Lebens. Auf mentaler und emotionaler Ebene werden wir, wenn unser Körper schwach ist, weniger geistige Schärfe haben und wir werden mehr Angst, mehr Depressionen und mehr negative Emotionen erleben als wir es sonst tun würden (Pizzorno). Schütze deine Mitochondrien, denn gesunde, reichlich vorhandene Mitochondrien wirken sich positiv auf deine allgemeine Gesundheit aus (Bratic und Larsson).

Es gibt noch viele Fragen über Mitochondrien und wie sie mit dem Altern und der Gesundheit zusammenhängen, aber was wir gesehen haben, ist, dass der Zustand der Mitochondrien stark mit dem Gesamtzustand unserer Gesundheit und unserem Alterungsprozess korreliert. Den Körper von ungesunden Zellen zu befreien, von Zellen, die schwache Mitochondrien haben oder anderweitig beeinträchtigt sind und gleichzeitig gesunde Zellen zu schützen, scheint wesentlich für eine gute Gesundheit zu sein. Ein weiterer Schlüssel zu lebendiger Gesundheit scheint die Förderung der Entwicklung von mehr Mitochondrien zu sein.

Zusammenfassend lässt sich sagen, dass die Total Embodiment-Method eine Reihe von kraftvollen alten Praktiken synergetisch vereint, die dein Gehirn in Einklang bringen und den Körper auf zellulärer Ebene sowie das Immun-, Kreislauf- und Nervensystem stärken, was alles direkte Vorteile für die körperliche, geistige und emotionale Gesundheit hat.

Los geht's!

Teil II

Vagal-Tonisierung

Viele alte Kulturen glaubten, dass Worte und Namen einen göttlichen Geist mit schöpferischer Kraft haben. Tatsächlich ist die Vorstellung, dass Worte eine übernatürliche Macht haben, mehr als jedes andere spirituelle Konzept in fast jeder alten Gesellschaft auf der ganzen Welt zu finden.

Die Anhänger des alten Christentums glaubten zum Beispiel, dass das Wort Gottes, im Griechischen als Logos bezeichnet, mit göttlicher Schöpferkraft ausgestattet war, aus der das Universum entstand. Die Hindus in Indien glauben, dass Mantras, spirituelle Äußerungen oder Klänge, die aus dem Sanskrit stammen, spirituelle und/oder psychologische Kräfte haben und das Leben der Menschen auf übernatürliche Weise beeinflussen können.

Dieses Konzept taucht auch in der alten japanischen Kultur in dem Begriff *kotodama* auf. Das japanische Wort *kotodama* setzt sich zusammen aus dem chinesischen Schriftzeichen *koto* (言), das mit „Klang", „Wort" oder „Sprache" übersetzt werden kann und dem chinesischen Schriftzeichen *dama* (霊), das mit „Seele", „Geist", „göttlich" oder „heilig" übersetzt werden kann. Der Grundgedanke ist, dass Klang, Worte und Sprache eine spirituelle Natur haben, indem sie lebendig und mit kreativer Kraft gefüllt sind, die unsere physischen, mentalen und emotionalen Zustände und sogar unsere Umgebung beeinflussen. Die Idee, dass Sprache göttliche Kraft hat, mag modernen Menschen absurd erscheinen, aber aus der Perspektive der Alten, die viel mehr in Kontakt mit der Natur waren als wir und denen ein wissenschaftlicher Rahmen zur Beschreibung ihrer Wahrnehmungen fehlte, macht es Sinn.

Wir werden in Teil II damit beginnen, einige grundlegende Klänge aus der Perspektive alter Menschen zu erforschen, so dass wir beginnen können zu verstehen, warum der Glaube, dass Sprache und Klang heilig sind, in jeder alten Kultur rund um den Globus zu finden ist. Sobald du diese Perspektive verstanden hast, wirst du bereit sein, die Vorteile einer prinzipiellen, säkularen Klangpraxis zu empfangen. Mit einer funktionalen Sichtweise von Sprache und Klang, die sich auf das Bewusstsein bezieht, werden wir die Dimensionalität von Klang erforschen, während wir ihn mit unserem eigenen Körper produzieren. Diese Praxis dient dazu, unsere Empfänglichkeit für nachfolgende Praktiken deutlich zu verbessern und unser Bewusstsein als Ganzes zu steigern.

Schließlich wirst du mit dem neu entwickelten Bewusstsein für die Natur des Klangs und der verbesserten Körperwahrnehmung von Klängen lernen, zu spüren, welche Klänge zu einem bestimmten Zeitpunkt den größten therapeutischen Wert für deinen Körper haben. Die Sensibilität und das Bewusstsein, die durch die Übungen in Teil II entwickelt wurden, dienen als Grundlage für alle nachfolgenden Übungen.

Kapitel 4

Primäre Klänge

Alte Menschen erkannten, dass wir viel mehr in der Lage sind, unsere Umwelt zu „erschaffen" und zu verändern als andere Tiere. Aus der Perspektive der ersten Völker, die nahe an der Erde lebten, ist jedes Lebewesen ein Verwandter. Ausgehend von der Vorstellung, dass wir mit anderen Lebewesen verwandt sind, ist es nur natürlich, sich zu fragen, warum Menschen so viel mehr Macht haben, ihre Umwelt zu beeinflussen, als andere Tiere.

Da sie sahen, dass ihre Macht nicht in Zähnen und Klauen lag, wie bei den meisten anderen Lebewesen, erkannten die frühen Menschen, dass ihre Stärke im Denken lag. Sie erkannten auch, dass das Denken durch die Sprache strukturiert wird, eine Struktur, die von den Vorfahren stammt und das Individuum übersteigt.

Sprache war aus ihrer Sicht eine göttliche Inspiration, die bis zu den Anfängen der Menschheit zurückreicht. Sie erkannten, dass, wenn ein Individuum eine Veränderung in der Welt bewirken will, er oder sie zuerst in der Lage sein muss, sich die gewünschte Veränderung vorzustellen, indem er oder sie die Zukunft visualisiert und dann mental den Weg zu dieser Zukunft artikuliert.

Unerschütterliche Bewusstheit

Wenn der Plan die Hilfe anderer erfordert, dann muss er zu ihnen gesprochen werden. Wenn die Worte klar, inspirierend und in Übereinstimmung mit den Bedürfnissen oder Wünschen des Volkes sind, werden sie den Plan mit der Kraft ihrer Sprache und ihrem körperlichen Einsatz unterstützen.

Sicherlich können wir erkennen, dass wir Menschen genetisch mit allen anderen Lebewesen verwandt sind und wir eine unglaubliche schöpferische Kraft haben, die es uns erlaubt, unsere Umwelt (zum Guten oder zum Schlechten) weit über die anderer Lebewesen hinaus zu verändern. Die Macht der Worte half uns, in einer gefährlichen Welt ohne Klauen, Reißzähne oder Fell zu überleben - eine wunderbare Leistung. In Anbetracht dieser Tatsache ist es leicht zu verstehen, warum das Wort für die Alten als lebenswichtig angesehen wurde - sogar als heilig.

Die Heiligkeit der Sprache hat aus der Sicht der Alten ihren Ursprung in der rohen Klangschwingung. Schauen wir uns die Grundlage der Sprache an, die Vokallaute. Die Vokallaute A, I, U, E, O liefern die grundlegenden Schwingungen, aus denen Sprachsysteme auf der ganzen Welt entstehen, die dann durch Konsonanten, Pausen, Glottisschläge usw. modifiziert werden.

Vokallaute werden mit ungeblocktem Mund und Rachen während des gesamten Lautes erzeugt. Bei Konsonanten hingegen wird der Klang durch die Zähne, die Zunge, die Lippen oder die Verengung der Stimmbänder gestoppt oder abgeschnitten. Um ein Gefühl dafür zu bekommen, was ich mit den Schwingungen der Vokallaute meine, musst du die Laute mit dem ganzen Körper vokalisieren, so wie man es während eines Gesangs tun würde. Versuchen wir zunächst, den „Ah"-Laut zu chanten (singen) und dabei die entstehende Vibration im Körper zu spüren. Entfalte den Laut möglichst laut und von einer möglichst tiefen Stelle in deinem Körper. Wenn du den „Ah"-Laut richtig machst, wirst du feststellen, dass die Schwingungen im Körper nach unten zu wandern scheinen.

Vergleichen wir nun einen typischen Konsonantenlaut wie K. Wenn du versucht, das K zu chanten, was „KAH" wäre, ist der K-Teil des Klangs vorübergehend, ganz am Anfang des Chants und kann nicht länger als einen Augenblick gehalten werden. Das K fällt schnell weg und hinterlässt den „Ah"-Klang.

Aus Erfahrung können wir sehen, dass der K-Laut definitiv ist, da es keine Möglichkeit gibt, diesen Laut aufrechtzuerhalten, während der „Ah"-

Laut einen ganzen Atemzug lang anhalten kann, was bedeutet, dass er unbestimmt ist. Das Bestimmte ist weltlich und das Unbestimmte ist transzendent.

Da der „Ah"-Klang fortbesteht und sich mit jedem Klang mischen kann und bei der Erzeugung komplexerer Klänge jede Position einnehmen kann, könnte er als transzendent oder heilig betrachtet werden. Nach diesem Maßstab werden „K" und andere Klänge, die nicht fortgesetzt werden können, als weltliche oder gewöhnliche Klänge betrachtet. Um unnötigen Mystizismus in unserem Training zu vermeiden, werden wir alle transzendenten Klänge als primäre Klänge definieren und uns im weiteren Verlauf deines Trainings an diese Definition halten.

Anhand der Definitionen im vorherigen Abschnitt können wir sehen, warum die Vokallaute A, I, U, E und O als transzendent (primär) angesehen werden und warum die meisten Konsonanten als weltliche (sekundäre) Laute betrachtet werden. Es gibt einige wenige Konsonanten, die auf die Beschreibung der primären Klänge passen. Beachte, dass die N- und M-Laute, die im Englischen Konsonanten sind, wie A, I, U, E und O, nachhaltige Schwingungen erzeugen, wenn sie gesungen werden, unabhängig davon, wo sie in einem Wort auftauchen.

Probiere es aus und überzeuge dich selbst. Sie werden im Englischen nicht als Vokale betrachtet, weil sie mit einem geschlossenen Element erzeugt werden (die Lippen für M und die Zunge gegen die Zähne für den N-Laut). Für unsere Zwecke werden, weil M- und N-Laute nachhaltig sind, auch sie als Primärlaute behandelt.

Was ist mit dem „Y", wirst du dich vielleicht fragen. Das Y ist kein Primärlaut, denn wenn es sich im Englischen wie ein Vokal verhält, z. B. im Wort „Hymn", wird das „Y" wie der Vokal „I" vokalisiert, der eine nachhaltige Schwingung erzeugt. Somit wird „Hymn" tatsächlich als „Him" ausgesprochen. Wenn das Y einen eigenen Klang annimmt, z. B. in „yellow", ist der Y-Klang nicht tragfähig, so dass er die Eigenschaften eines Konsonanten hat.

Du fragst dich vielleicht, warum es für Menschen, die nicht an das Heilige glauben, wichtig ist, den Unterschied zwischen primären und sekundären Klängen zu kennen. Primäre Klänge, wenn ihre Schwingungen ausgedehnt werden, wie es beim Chanten geschieht, stimulieren den Vagusnerv, was wiederum die körperliche, geistige und emotionale Gesundheit verbessert, wie wir in Kapitel 2 besprochen haben.

Du wirst die Vorteile des primären Klangvokalisierens jedoch unabhängig von Glaubensvorstellungen gewinnen. Es stellt sich heraus, dass das Singen eine uralte Überlebenstechnik ist. Die Aufrechterhaltung einer lebendigen Gesundheit war überlebenswichtig, als die Menschen noch nicht so sehr von den Elementen isoliert waren, daher nutzten die Alten diese Klänge.

Wie wir bereits besprochen haben, erfüllen die Primärlaute zwei erstaunliche Funktionen. Sie bilden die Grundlage der Sprache, die die Basis unseres Denkens und unserer bemerkenswerten Anpassungsfähigkeit ist. Primäre Klangschwingungen kommen auch unserer Gesundheit auf körperlicher, geistiger und emotionaler Ebene zugute. So wie Primärklänge das Leben der Alten begünstigten, können sie auch unser Leben bereichern, wenn wir sie nutzen.

Um einige Erfahrungen mit diesen Klängen zu sammeln, versuche, die Klänge „Ah", „Ee", „Ich", „Eh", „Oh", „Mmm" und „Nnn" zu mischen und zu kombinieren. Dabei wirst du feststellen, wie ähnlich die Klänge den Gesängen der tibetischen und gregorianischen Mönche sowie den Gesängen der indigenen Völker auf der ganzen Welt sind. Natürlich enthalten diese Lieder und Gesänge Konsonanten, weil es sich um sinnvolle Sätze handelt. Du kannst auch Konsonanten hinzufügen, aber sei dir bewusst, dass die den Vagusnerv stimulierenden Aspekte der Gesänge und Lieder von den anhaltenden Vibrationen kommen. Um ein Gefühl für die Klänge zu bekommen, lade ich dich ein, die primäre Sound-MP3 unter herunterzuladen: https://richardlhaight.com/primarysounds/

Hoffentlich kannst du die Tiefe dieser Klänge aus den wenigen Erfahrungen, die du in diesem Kapitel gemacht hast, erahnen. Doch weißt du, dass die Tiefe der Primärlaute noch tiefer geht. Abgesehen von den praktischen Beiträgen zu unserer Sprache und Gesundheit stellen wir fest, dass das Vokalisieren von Primärlauten in der richtigen Weise für eine ausreichend lange Zeit Menschen in visionäre Zustände führen kann, die das Selbst transzendieren, Zustände, die selbst ein Atheist nur schwerlich als etwas anderes als transzendent beschreiben würde. Diesen Effekt kann man mit Sekundärlauten oder Konsonanten nicht erreichen.

Primäre Klänge

Lass uns einen Blick auf die bekannte Wissenschaft bezüglich der Primärgeräusche, des Atems und des Vagusnervs werfen und wie all dies unsere Gesundheit und unser Bewusstsein beeinflusst.

Der Vagusnerv, der den Hirnstamm mit den lebenswichtigen Organen verbindet, steht auch mit der hinteren Wand des äußeren Gehörgangs, dem unteren Teil der Trommelfellmembran sowie mit dem Mittelohr in Verbindung (Vagusnerv). Das Singen von Primärklängen erzeugt eine messbare Erhöhung der Stärke der vagalen Antwort, die durch die Variation der Herzfrequenz bestimmt wird.

Je größer die Herzfrequenzschwankung zwischen Ein- und Ausatmen ist, desto gesünder ist der Vagustonus. Wenn wir einatmen, bevor wir z. B. den „Ah"-Laut erzeugen, steigt unsere Herzfrequenz an. Wenn wir dann ausatmen, während wir den Ton erzeugen, sinkt unsere Herzfrequenz messbar. Das mantra-artige Erzeugen von Primärgeräuschen stärkt den Vagustonus. Nicht nur der vagale Tonus verbessert sich durch diese Übung, sondern auch das limbische System beruhigt sich. Das limbische System ist das emotionale Zentrum des Gehirns. Vagale Stimulation durch jegliche Mittel stabilisiert unsere Emotionen, was uns mehr innere Klarheit ermöglicht.

Wenn wir die Gehirnwellen vor, während und nach dem Singen von Primärklängen messen würden, könnten wir sehen, dass das Gehirn von einem Betawellen-, denkenden, zielgerichteten, stressinduzierenden, Zustand in den Alphawellen-Zustand wechselt, der ein erholsamer Zustand ist. Fernsehen würde uns ebenfalls in den Alphawellen-Zustand versetzen. Der Unterschied ist, dass wir uns beim Vagal-Toning in einem hoch bewussten, meditativen Zustand befinden, im Vergleich zum Fernsehen, das einen unbewusster Zustand hervorruft.

Kapitel 5

Ton-Abmessungen

Jeder Primärklang hat eine bestimmte Resonanz, Form und Schwingungsrichtung, die im Körper spürbar ist. Je geschickter du darin bist, diese Klänge aus der Tiefe des Körpers heraus zu vokalisieren, desto deutlicher werden die Formen, Dimensionen und Richtungen der einzelnen Klänge. Um ein grundlegendes Gefühl für die ausgeprägte Dimensionalität der einzelnen Klänge zu bekommen, können wir sie nacheinander vokalisieren, ohne zwischen den Klängen zu pausieren.

Hier erfährst du, wie du die Beschaffenheit der einzelnen Klänge spüren kannst:

1. Sitze oder stehe aufrecht, aber bequem.
2. Entspanne den Körper und defokussiere den Geist, während du deinen gesamten physischen Körper spürst.
3. Beginne, „Ah" zu vokalisieren, während du einige Sekunden lang die Schwingungen im Körper spürst. Achte auf die Form und Richtung der Schwingung. Verschiebe den Ton für einige Sekunden auf „Ee" und beachte die Schwingungsformänderung im Vergleich zur

4. Erzeugung des „Ah"-Tons. Achte auf die Richtung, in der sich der Ton ausbreitet.
5. Fahre fort und ändere den Klang für eine kurze Dauer in „Ich". Spüre und notiere die Form und Richtung des Schallwegs im Vergleich zum „Ee"-Laut.
6. Schalte in den „Eh"-Ton und beachte die Veränderung, die Form und den Verlauf des Tons.
7. Wechsel zum „Oh"-Ton und spüre seine Eigenschaften.
8. Mache das „Mmm"-Geräusch und notiere seine Beschaffenheit.
9. Erzeuge schließlich den „Nnn"-Ton und spüre seine Dimensionen.

Um ein Gefühl für sie zu bekommen, produziere sie alle in einem Atemzug, während du den Wechsel zwischen ihnen spürst.

„Ah"
„Ee"
„Ih"
„Eh"
„Oh"
„Mmm"
„Nnn"

Falls du es noch nicht getan hast, lade ich dich ein, die primäre Sound-MP3 unter diesem Link herunterzuladen: https://richardlhaight.com/primarysounds/

Inzwischen kannst du die Unterschiede in der Klangdimension zwischen jeder dieser primären Vokalisationen sehen und deutlich spüren. Du hast wahrscheinlich bemerkt, dass der „Ah"-Laut den Körper nach unten wandert, während der „Ee"-Laut eine schmale, aber breite, fast horizontale, scheibenförmige Form aus der oberen Brust oder Kehle macht. Der „Ih"-Laut wandert kegelförmig nach oben, während der „Eh"-Laut diese Kegelform nach vorne richtet. Der „Oh"-Laut ist ein kugelförmiger Laut, der sich in alle Richtungen gleichermaßen von seinem Ursprung wegbewegt. Im Gegensatz dazu ist der „Mmm"-Laut ebenfalls kugelförmig, aber im Vergleich zum „Oh"-Laut klein. Welche Form hat der „Nnn"-Laut?

Wenn du dir anfangs unsicher über die Dimensionen des Klangs bist, sei nicht zu besorgt, denn die Entwicklung von Körperbewusstsein und Sensibilität ist Teil des Nutzens der primären Klangübungen. Es kann ein wenig Übung erfordern, bis du die Dimensionen der Klänge deutlich spürst und ein Verständnis dafür entwickelst, wie sie sich bewegen. Ich empfehle, jeden Klang jeden Tag ein wenig zu üben, um ein Gefühl für ihn zu bekommen.

Achte während der Übung auf alle Töne, die sich schwer aus der Tiefe des Körpers erzeugen lassen. Die meisten Menschen, die zum ersten Mal mit dem Chanten von Primärklängen beginnen, erzeugen die Klänge stark aus der Kehle, was die Tonhöhe höher macht, als es für die Praxis ideal ist. Um zu helfen, die Töne aus der Tiefe des Körpers zu erzeugen, lege deine Hände auf das Zwerchfell, den weichen Bereich direkt unter dem Brustbein, damit du diesen Bereich ein wenig deutlicher spüren kannst. Versuche, die Töne aus diesem Bereich zu erzeugen. Wenn du den Mund etwas weiter öffnest, sinkt die Tonhöhe des Tons, so dass du ihn tiefer im Körper spürst.

Kümmere dich nicht zu sehr darum, perfekte Töne zu produzieren. Der Zweck des Übens ist nicht, deine Gesangsstimme zu verbessern oder vor anderen aufzutreten. Die Verfeinerung der Klänge wird mit der Übung kommen. Das Wichtigste ist, sich zu entspannen, zu fühlen und den Prozess zu genießen, denn alles andere lässt die meditativen Vorteile der Übung nicht zu.

Kapitel 6

Klangtherapie

Vielleicht hast du bei der Produktion der verschiedenen Töne bemerkt, dass sich der Körper bei der Produktion bestimmter Töne positiv und bei der Produktion anderer Töne eher abgeneigt anfühlte. Wieder andere Klänge fühlten sich neutral an. Achte auf die Geräusche, die sich für deinen Körper besonders gut anfühlen, denn diese Geräusche zu produzieren, ist sehr förderlich für deine Gesundheit.#.

Um den maximalen gesundheitlichen Nutzen aus diesen Klängen zu ziehen, solltest du dich darauf konzentrieren, die Klänge zu erzeugen, die während der Ausführung die positivsten Gefühle im Körper hervorrufen. Probiere jeden Laut aus und spüre dabei die Reaktion des Körpers - „Ah", „Ee", „Ih", „Eh", „Oh", „Mmm" und „Nnn".

Der Klang, der zu diesem Zeitpunkt therapeutisch ist, wird sich für deinen Körper irgendwie richtig oder erfüllend anfühlen. Achte auf diesen Klang, denn du wirst ihn nutzen. Du willst auch wissen, gegen welchen Klang dein Körper gerade eine Abneigung empfindet. Das Erspüren dieser beiden Extreme wird dir helfen, deine körperliche Sensibilität und dein Bewusstsein einzustellen, was dir bei späteren Übungen helfen wird.

Beim Testen habe ich festgestellt, dass kein Ton für jeden der richtige ist. Ich habe auch erkannt, dass sich unsere Körper ständig verändern, so dass der Klang, der sich heute Morgen für den Körper gut anfühlt, vielleicht nicht der richtige am Mittag oder in der Nacht ist. Der Schlüssel ist, die Klänge ganz ohne Erwartung zu machen, jeden zu spüren und dann den richtigen für den Moment auszuwählen. Stelle einen Timer auf fünf Minuten und genieße es, den therapeutischen Klang zu vokalisieren.

Wie du während der Übung der Klänge wahrscheinlich sehen kannst, werden die Vokalisationen deinen Vagusnerv tonisieren und dich sehr schnell in einen meditativen Zustand des Geistes versetzen, aber auch ein weiterer Punkt unterstützt die Anwendung der Praxis: die Entwicklung des Unterbewusstseins.

Wenn wir den Geist als einen Ozean betrachten, was eine typische Metapher für Geist und Bewusstsein ist, könnten wir die Oberfläche als Repräsentant des Geistes betrachten. Sie ist geprägt von Veränderung und Aufruhr. Je tiefer wir unter die Oberfläche tauchen, die das Unterbewusstsein repräsentiert, desto mehr Klarheit und Bewusstsein finden wir. Der Weg, tiefer zu tauchen, führt über das Fühlen. Je mehr wir uns darin üben, die Unterschiede zwischen den Klängen zu spüren und vor allem, wie sich diese Klänge auf einer therapeutischen Ebene für unseren Körper anfühlen, desto mehr werden wir uns des Unterbewusstseins bewusst, das seine eigenen Strömungen hat.

Die wahrhaftigste Ebene des Bewusstseins befindet sich unter allen Strömungen. Wenn diese Ebene erreicht und im täglichen Leben aufrechterhalten wird, nennen wir sie totale Verkörperung. Bevor wir unser Leben in dieser Tiefe des Gewahrseins leben können, müssen wir uns zunächst der Strömungen zwischen der Oberfläche und der Stille bewusst werden. Das Üben mit dem Ziel, innere Sensibilität zu entwickeln, ist das Geheimnis, um zielgerichtet tiefer in den Ozean des Unterbewusstseins zu tauchen.

Um dir beim Üben zu helfen, können wir jeden Klang weiter verfeinern, indem wir ihn in seiner tiefen und hohen Form ausprobieren und dann genau notieren, welche Tonhöhe sich für deinen Körper in diesem Moment richtig anfühlt. Nehmen wir an, du hast alle Primärklänge ausprobiert und festgestellt, dass sich in diesem Moment der „Ah"-Klang genau richtig anfühlt. Um die exakte Tonhöhe für den „Ah"-Laut einzustellen, könntest du damit beginnen, ihn mit einer möglichst niedrigen Tonhöhe zu produzieren, was voraussetzt, dass dein Mund ganz geöffnet ist und der Ton aus deinem Zwerchfell kommt. Während du den Ton erzeugst, bewege den Ursprung des Tons langsam nach oben in Richtung Kehle. Wenn du dazu in der Lage bist, sollte sich die Tonhöhe des „Ah" deutlich erhöhen. Während du die Tonhöhe langsam anhebst, achte genau darauf, welche Tonhöhe sich für deinen Körper in diesem Moment am therapeutischsten anfühlt.

Sobald du ein Gespür dafür hast, welcher Klang und welche Tonhöhe dir im Moment am wohltuendsten erscheinen, schaue, ob du auch den Klang und die Tonhöhe identifizieren kannst, gegen die sich dein Körper am meisten sträubt. Wenn du auf diese Weise übst, wird dein Bewusstsein und deine körperliche Sensibilität mit der Zeit zunehmen und eine Art bewusste Kommunikation mit dem Unterbewusstsein ermöglichen.

Wenn du sowohl die therapeutischen als auch die negativen Klänge gefunden hast, stelle sicher, dass du deine Übung mit dem Klang beendest, der den größten, therapeutischen Nutzen für deinen Körper gebracht hat. Verlasse die Übung, wenn du kannst, immer mit einer positiven Note.

Teil III

Grundlegendes Drucktraining

Du hast jetzt mehrere Trainingswerkzeuge kennengelernt, um deine Gesundheit, deine körperliche Sensibilität und dein meditatives Bewusstsein zu verbessern. In Teil III wirst du ein mächtiges Werkzeug kennenlernen, das ohne Zweifel deine Fähigkeiten herausfordern wird.

Wenn du ein Anfänger bist, ist der erste Gedanke, den du haben könntest, dass du nicht bereit für eine solche Herausforderung bist. Verbanne diesen Gedanken so schnell wie er aufkommt, denn er entspricht nicht der Wahrheit. Das in Teil III beschriebene Drucktraining mag dich bei den ersten Versuchen überwältigen, aber das wird unabhängig von deinen meditativen Fähigkeiten der Fall sein.

Was passieren wird, ist Folgendes: Bei den ersten Malen wirst du bemerken, dass du dich überfordert fühlst, aber kurz darauf wirst du eine rasche Verbesserung feststellen und wenn du diese Verbesserung zur Kenntnis nimmst, wird dich die Praxis des Drucktrainings ermutigen.

Das Drucktraining, das wir verwenden werden, ist aus einer alten religiösen Praxis entstanden, die als Reinigung durch Wasser bekannt ist. Für unsere Zwecke entfernen wir alle religiösen Elemente, so dass wir rein mit den Prinzipien der Praxis arbeiten können. Wenn du dich an die Prinzipien hältst, wird die Reinigung durch Wasser zu einem mächtigen Werkzeug für das Bewusstseinstraining.

Sobald wir die grundlegende Methode erlernt haben, werden wir die richtige Atmung in Bezug auf die Praxis sowie Variationen der Methode erforschen, die es dir ermöglichen, angemessene Anpassungen je nach deinen täglichen Umständen vorzunehmen. Sobald wir die Variationen erlernt haben, werden wir gesundheitsbezogene Themen besprechen, die möglicherweise leichte Modifikationen erfordern, um eine produktive, sichere Praxis zu ermöglichen.

Schließlich werden wir lernen, ein leistungsfähiges Werkzeug zur Beurteilung deiner Fortschritte zu verwenden, das von Primärgeräuschen abgeleitet ist und genau aufzeigt, wo du in deinem Training stehst, so dass du den Schwierigkeitsgrad entsprechend erhöhen kannst.

Kapitel 7

Reinigung durch Wasser

Die Reinigung durch Wasser ist in fast jeder Kultur und Religion auf der ganzen Welt zu finden. Zum Beispiel wird Johannes der Täufer, ein jüdischer Prophet zur Zeit Jesu, in der Bibel beschrieben, wie er Menschen tauft, indem er sie in Flusswasser untertaucht, als ein zentrales Sakrament seiner messianischen Lehren. Es steht geschrieben, dass Jesus zu Johannes ging, um sich taufen zu lassen, bevor er seinen Dienst antrat. Natürlich gedeiht die Taufe auch heute noch in den meisten christlichen Traditionen, aber die Taufe, wie sie jetzt typischerweise praktiziert wird, ist nicht genau so, wie sie zur Zeit des Johannes war.

Die Tradition der Reinigung durch Wasser, die im Judentum als *tvilah* bekannt ist, geht auf Johannes den Täufer zurück und findet sich im Gesetz des Mose, das über tausend Jahre vor Johannes Mission geschrieben wurde. Das tvilah-Ritual erfordert, dass die Person in eine natürliche Wasseransammlung, *Mikwe* genannt, eingetaucht wird. Durch das Eintauchen in das Wasser, so heißt es, wird die „Reinheit" der Person wiederhergestellt. Das Ritual dient dazu, jemanden zu reinigen, der zum Judentum konvertiert, bevor er den heiligen Tempel betritt oder nachdem er z. B. eine Leiche berührt hat. In der japanischen Kultur gibt es eine ähnliche

Praxis, die als *misogi* (禊) bekannt ist und ins Deutsche mit „Waschung durchführen" übersetzt wird. In der Shinto-Tradition bedeutet *misogi*, Unreinheiten mit Wasser wegzuwaschen und wird unter einem Wasserfall durchgeführt. Tatsächlich praktizieren die Menschen bis heute *Misogi* an Wasserfällen, die sich an großen buddhistischen Tempeln oder Shinto-Schreinen im ganzen Land befinden.

Die Praxis wird typischerweise durchgeführt, indem man seine Kleidung bis auf die Unterwäsche auszieht. Während des Gebets watet die Person unter dem Wasserfall hervor und bleibt dort so lange wie möglich mit der Absicht, ihre Überzeugung aufrechtzuerhalten, um spirituelle Unreinheiten loszulassen oder für andere zu beten.

Aufgrund der Konzentration auf rituelle und religiöse Elemente und der Wahrnehmung, dass diese Praktiken aus altem Aberglauben geboren sind, sind die praktischen Elemente der Reinigung durch Wasser weitgehend in Vergessenheit geraten. Das zugrundeliegende Prinzip aus den Augen zu verlieren, ist verständlich, wenn man bedenkt, dass die Reinigung durch Wasser in vielen Religionen auf der ganzen Welt als ein Werkzeug des Exorzismus verwendet wurde. Wenn man nicht an Geister glaubt, macht Exorzismus keinen Sinn und damit auch nicht die Reinigung mit Wasser.

Leider haben wir in der modernen Welt durch die Ablehnung dieser Praxis eine der wesentlichsten Praktiken für unsere Gesundheit und unser Wohlbefinden weitgehend in die Schublade des Aberglaubens verbannt. Die Idee, böse Geister wegzuwaschen, mag für die säkulare Denkweise absurd erscheinen, aber wenn wir bedenken, was man erlebt, wenn man absichtlich unter einen kalten Wasserfall tritt, um sich zu reinigen, wird die Idee des Wegwaschens böser Geister leichter zu begreifen. Erlaube mir, das zu erklären.

Alte Völker auf der ganzen Welt betrachteten unterschiedliche emotionale Zustände als Geister. Der Grundgedanke war, dass der Zustand der Klarheit das wahre oder reine Du repräsentierte, den Funken des Göttlichen. Emotionen, die Verwirrung stiften oder zu schlechtem Verhalten oder ungesundem Denken führen, wurden nicht als das wahre Selbst angesehen, sondern als Geister, die vorübergehend von der Person Besitz ergriffen hatten. In modernen Begriffen könnten wir extreme, emotionale Zustände als vorübergehende Unzurechnungsfähigkeit kategorisieren.

Unerschütterliche Bewusstheit

Wir alle haben schon emotionale Ausbrüche und das Leid erlebt, das durch voreilige Worte oder Handlungen verursacht wurde, die in einem unklaren Zustand erfolgten. Die meisten von uns würden annehmen, dass es sich nur um Wut und Hast handelt, aber jede Form von emotional stimulierter Unklarheit könnte nach der alten Denkweise als geistige Besessenheit gelten.

Denke zum Beispiel an den Drang, der dich dazu bringt, das neue Auto zu kaufen oder das Eis zu essen, obwohl du weißt, dass du es nicht tun solltest. Oder denke an die emotionalen Voreingenommenheiten, die dazu führen, dass Menschen blind für Fakten sind, die ihnen vielleicht ins Gesicht starren. Du könntest dich entscheiden, diese Geister wegzuwaschen, wenn du die Möglichkeit dazu hast.

Kapitel 8

Dem Wasser zugewandt

Wie wir im letzten Kapitel besprochen haben, dachten die Alten, dass das Eintauchen in natürliches Wasser mit der Absicht, sich zu reinigen, negative Geister exorziert. Aus dieser Beschreibung können wir erkennen, dass zwei der Elemente, die für die Alten eine Rolle spielten, auf uns nicht zutreffen - die Art des Wassers und der Glaube an Geister. Da sich unsere Lebensumstände deutlich von denen der Alten unterscheiden, müssen wir wissen, ob diese Elemente auf uns zutreffen oder nicht.

Bezüglich der Anforderung an natürliches Wasser sollten wir uns daran erinnern, dass die Alten kein fließendes Wasser in ihren Häusern hatten. Natürliches Wasser war für sie Wasser, das durch Flüsse, Bäche, Meere usw. floss, d. h. Wasser, das weit unter der Körpertemperatur war.

Obwohl man von zu Hause aus keinen Zugang zu einem Fluss hat, kann man die Dusche benutzen. Die Frage ist nur, ob eine kalten Dusche die reinigende Wirkung für uns bringt oder nicht. Wir müssen auch wissen, ob der Glaube an Geister erforderlich ist, um die Vorteile der Reinigung durch Wasser zu erlangen. Wenn sich dein emotionaler Zustand aufgrund einer absichtlichen kalten Dusche klärt, dann weißt du, dass die Grundidee der Reinigung durch Wasser nützlich ist. Zur Beantwortung beider Fragen ist

Unerschütterliche Bewusstheit

deine direkte Erfahrung mit einer absichtlichen, kalten Dusche erforderlich. Testen wir die Theorie, indem wir ein Experiment durchführen.

Hinweis: Wenn du eine Herzerkrankung hast oder aus anderen Gründen in einem schlechten Gesundheitszustand bist, konsultiere bitte deinen Arzt, bevor du dieses Experiment durchführst.

Warte, bis du dich negativ oder anderweitig emotional fühlst, gehe dann in dein Badezimmer, ziehe dich aus und trete unter den Strahl des kältesten Wassers, das deine Dusche bieten kann, mit der Absicht, dass die schockierende Umarmung des kalten Wassers die Negativität wegspült.

Achte darauf, dass du mindestens eine Minute lang vollständig unter dem fließenden Wasser stehst. Richte das Wasser auf dein Gesicht, deinen Kopf, deine Brust und deinen Rücken. Versuche nicht, dem Strom auf irgendeine Weise zu entkommen. Richte das Wasser vielmehr absichtlich auf die Stellen, die deine Atmung am stärksten einschnüren. Atme mit dem Ziel, dich in die Erfahrung hinein zu entspannen. Lass absichtlich Negativität mit deinem Atem los. Stelle nach einer Minute das Wasser ab, steige aus der Dusche und trockne deinen Körper ab.

Wie geht es dir?

Das Erste, was du wahrscheinlich bemerken wirst, ist, dass sich dein Körper lebendiger und stimulierter anfühlt als vor dem Betreten der Dusche. Beachte auch, dass dein Erlebenszustand gereinigt wurde, sodass du dich körperlich, geistig und emotional vergleichsweise gut fühlst. Einfach ausgedrückt: Du fühlst dich besser, denkst klarer und hast mehr Energie. Nach dem Denken der Alten bist du gereinigt worden.

Hoffentlich erscheint dir nach deiner Erfahrung mit der kalten Dusche die Idee der Reinigung durch Wasser nicht mehr so absurd. Wenn du keine wissenschaftliche Erklärung hättest, auf die du dich verlassen könntest, würdest auch du dich wahrscheinlich als von einem unreinen Geist gereinigt bezeichnen.

Leider lehren viele der Religionen, die diese Rituale praktizieren, nicht die ursprüngliche gesundheitsfördernde Praxis, die ihre Rituale hervorgebracht hat und kennen sie vielleicht auch gar nicht. Wenn sie es täten, wäre die Praxis der Reinigung durch Wasser ein normaler Teil der

Lebensroutine der Menschen, nicht ein einmal im Jahr oder einmal im Leben stattfindendes Ritual.

Für unsere Zwecke werden wir alle religiösen Assoziationen beiseite lassen und uns an die praktischen Vorteile halten, die wir aus der Einnahme von absichtlichen kalten Duschen ziehen, wodurch du dich körperlich, geistig und emotional viel besser fühlst. Mit der Erfahrung wirst du feststellen, dass du an Tagen, an denen du kalt duschst, leistungsfähiger, produktiver, bewusster und energiegeladener bist als an Tagen, an denen du die kalte Dusche ausgelassen hast.

Manche Menschen denken, dass eine kalte Dusche eine extreme Aktivität ist, weil sie sich so schockierend anfühlt. Solche Gedanken kommen aus einer modernisierten Perspektive, in der wir daran gewöhnt sind, jedes Mal, wenn wir duschen oder baden, einfachen Zugang zu erhitztem Wasser zu haben. Aber erhitztes Wasser war nicht das, womit sich unser Körper entwickelt hat. Tatsächlich war das Baden in kaltem Wasser bis vor kurzem ein normaler Teil der Hygiene, der das ganze Jahr über durchgeführt wurde.

Mit der Erfindung des Ackerbaus begannen die Menschen eine sesshaftere Lebensweise. Schließlich begannen wir, Wasser zum Baden zu erhitzen. Erhitztes Wasser wurde dann zur Norm und unser Körper wurde dadurch geschwächt.

Wie du dich vielleicht erinnerst, haben wir in Teil I die positiven Auswirkungen des TEM-Trainings auf das Gehirn und auf den Körper durch vagale Stimulation besprochen. Bei jeder kalten Dusche wird dein Vagusnerv stark stimuliert, was deine Herzfrequenzvariation erhöht, ein sehr positives Ergebnis für die Gesundheit. Aufgrund der intensiven, vagalen Stimulation werden körperliche Entzündungen reduziert, so dass sich deine allgemeine Gesundheit wahrscheinlich verbessern wird.

Mit jeder kalten Dusche trainierst du dein Kreislaufsystem, insbesondere das Herz und die Muskeln in den Wänden der Blutgefäße, was deren Fähigkeit verbessert, den Blutdruck im gesamten Körper zu regulieren. Außerdem trainiert eine kalte Dusche die Mitochondrien in deinen Zellen und macht sie leistungsfähiger. Die Zellen, die nicht genügend Mitochondrien haben, sterben ab und werden durch gesündere Zellen ersetzt. Der Nettoeffekt ist eine zelluläre Beschneidung, die mehr Energie ermöglicht, so dass dein Körper insgesamt gesünder ist, als er es sonst wäre. Und schließlich wirst du, wenn du dich der Herausforderung der kalten Dusche stellst, feststellen, dass du besser dazu in der Lage bist, andere Herausforderungen anzunehmen, die du bisher vielleicht vermieden hast.

Zusammengefasst ist das Ergebnis täglicher, kalter Duschen ein gesünderes Herz, ein gestärktes Nervensystem, ein besseres Immunsystem, ein stärkeres Kreislaufsystem und gesündere Zellen. In alten Zeiten mussten diese Systeme robust sein, um zu überleben. In der modernen Zeit können wir ohne einen starken Körper auskommen, aber unsere Lebensqualität leidet.

Unabhängig davon, wer du bist oder welche Absicht du hast, kann das kalte Duschen gewisse Vorteile bringen. Das heißt, wenn deine Absicht richtig ist, nämlich meditativ bewusster zu werden, werden die Vorteile noch weiter reichen. Emotionale Trägheit mit einer kalten Dusche herauszufordern, wird dein Bewusstsein und deine meditativen Fähigkeiten unter jeder Art von Druck, einschließlich dem des täglichen Lebens, erheblich verbessern.

Bevor wir zu dieser Art von Training kommen, lass uns einige Sicherheitshinweise für die kalte Dusche behandeln.

Wer sollte nicht kalt duschen?

Obwohl die meisten Ärzte Personen mit Herzproblemen davor warnen, in kaltes Wasser einzutauchen (denke an Eisbäder), wird wenig über die Gefahren einer kalten Dusche geschrieben. Für Personen, deren Gesundheit stark beeinträchtigt ist, habe ich am Ende dieses Kapitels ein System für eine langsamere Gewöhnung des Körpers an kalte Duschen entwickelt, der du folgen kannst, sofern du und dein Arzt damit einverstanden bist.

Wenn du vermutest, dass du in einem Zustand bist, der mit dem kalten Duschen nicht vereinbar ist, lies bitte dieses gesamte Kapitel durch, bevor du die kalte Dusche versuchst. Auch Menschen, die im Allgemeinen gesund sind, werden an Tagen, an denen sie sich nicht wohl fühlen, einige Aspekte dieses Systems nutzen wollen.

Feueratem

Wie wir in der ersten Minute einer kalten Dusche atmen, macht einen großen

Unterschied, wie lange wir dort drin bleiben können. Als Anfänger bemerken wir vielleicht, dass unsere Atmung krampfhaft und unregelmäßig wird, wenn das kalte Wasser zum ersten Mal auf unsere Haut trifft. Oder wir könnten versucht sein, als Reaktion auf eine stressige Situation den Atem anzuhalten. Mit diesem Bewusstsein im Hinterkopf können wir die Erfahrung des Duschens nutzen, um zu lernen, wie wir unsere Atmung hin zu mehr Stabilität lenken können.

Um unsere Atmung während einer kalten Dusche unter Kontrolle zu bekommen, genügt es, die krampfhafte Atmung absichtlich in ein schnelles, volles, kraftvolles Ein- und Ausatmen zu verwandeln. Dadurch wird dein Vagusnerv schnell tonisiert, dein Blut mit Sauerstoff versorgt und möglicherweise sogar deine Körpertemperatur erhöht.

Diese Art der Atmung wurde von tibetischen Mönchen entwickelt und wird gemeinhin als Feueratem bezeichnet. Die Methode ist so benannt, weil ein Meister, wenn er sie richtig ausführt, seine Körpertemperatur nachweislich erhöhen kann, selbst wenn er nackt auf Eis sitzt. Richtig verstanden ist der Feueratem nicht wirklich eine Technik, sondern eher ein bewusstes Surfen auf dem, was der Körper natürlich tut, wenn er plötzlicher Kälte ausgesetzt ist. Natürlich neigen die Menschen dazu, Dinge, die ganz einfach sind, übermäßig zu komplizieren und zu ritualisieren. Für unsere Zwecke mit der Dusche gibt es keinen Grund, den Feueratem zu verkomplizieren. Wenn du die kalte Dusche beginnst und deine Atmung krampfhaft ist, kannst du die Feueratmung verwenden, um deine Atmung wieder unter Kontrolle zu bekommen.

Erste Trainingsdusche

Hinweis: Stelle zur Sicherheit immer einen Timer für 10 Minuten ein, um dich daran zu erinnern, den Raum zu verlassen, bevor eine Unterkühlung eintritt.

Um den maximalen Nutzen aus einer kalten Dusche zu ziehen, solltest du diese gleich morgens nach dem Toilettengang durchführen. Ziehe dich mit so wenig Gedanken wie möglich aus, steige in die Dusche und wenn du dich dazu durchringen kannst, stelle dich ganz unter den Wasserhahn und drehe das Wasser auf die stärkste, kälteste Einstellung.

Während das Wasser deinen Körper umhüllt, achte auf eventuelle Zuckungen oder eine instabile Atmung. Nutze die erste Minute, um zu versuchen, deine Atmung mit Feueratem unter Kontrolle zu bringen, während du den Fluss des Wassers direkt auf die Stellen lenkst, die die größte Atemanspannung hervorrufen.

Nach der ersten Minute solltest du so lange wie möglich in der kalten Dusche bleiben, jedoch nicht länger als zehn Minuten. Wir wollen nicht, dass die Kerntemperatur des Körpers in eine Unterkühlung fällt, was ein lebensbedrohlicher Zustand sein kann.

Wenn du in der Lage bist, deine Atmung in der ersten Minute unter Kontrolle zu bringen, wird es nicht so schwierig sein, länger in der Dusche zu bleiben. Wenn sich deine Atmung jedoch nicht beruhigt, wird die Herausforderung der Dusche überwältigend sein und du kannst möglicherweise nicht länger als eine Minute unter der Dusche bleiben. Wenn das passiert, mache dich deswegen nicht fertig. Mit täglicher Übung wirst du bald feststellen, dass du problemlos eine Minute durchhalten kannst.

Hinweis: Wenn du Schwierigkeiten hast, dich aufzuwärmen oder ein brennendes Gefühl nach dem Duschen verspürst, bedeutet dies, dass deine Körperkerntemperatur etwas gesunken ist, was wir vermeiden wollen. Versuche, die Zeit unter der Dusche ein wenig zu reduzieren, bis diese Symptome nicht mehr auftreten.

Schrittweise Annäherung

Wenn du einen starken Widerstand verspürst, vollständig in den kalten Duschstrahl zu steigen, kannst du es Schritt für Schritt angehen. So könntest du vorgehen:

Stell dir vor, du watest in einen Fluss, um zu baden, wie du es in der Antike getan hättest. Ganz natürlich tauchen deine Füße zuerst in das kalte Wasser ein. Wenn du tiefer reingehst, steigt das Wasser an den Beinen hoch, bis zum Schritt, dann bis zum Unterleib, bevor du schließlich den Sprung wagst und unter Wasser tauchst.

Mit diesem Szenario als Leitfaden könntest du den Duschstrahl zuerst auf deine Füße richten, dann allmählich deine Beine hinauf, in den Schritt und dann auf deinen Unterbauch. Du könntest den Strahl auch auf deine Arme richten, bevor du ihn schließlich auf deinen Oberkörper, dein Gesicht, deinen Kopf, deine Schultern und deinen Rücken richtest.

Nach der ersten Minute solltest du bis zu zehn Minuten in der kalten Dusche bleiben, aber nicht länger. Auch hier ist das Ziel der ersten Minute, den Atem unter Kontrolle zu bekommen und sich unter dem kalten Wasser zu entspannen. Wenn sich deine Atmung nicht beruhigt, wird die Herausforderung der Dusche überwältigend sein und du wirst möglicherweise nicht in der Lage sein, lange in dem kalten Strahl zu bleiben. In diesem Fall ist es ratsam, frühzeitig auszusteigen, da dein Körper die Temperatur nicht gut regulieren kann, wenn deine Atmung sehr sprunghaft ist.

Wenn du nicht in der Dusche bleiben kannst, dann verurteile dich nicht selbst dafür. Du wirst es bald in den Griff bekommen. Unabhängig davon, wie lange du unter der Dusche geblieben bist, notiere dir mental die Zeit, die du dort warst und wenn du deine Atmung regulieren konntest, wie lange du ungefähr gebraucht hast, um sie zu beruhigen.

Trockne dich nach dem Duschen sofort ab. Lufttrocknen nach einer kalten Dusche ist für Anfänger nicht ratsam, da der Körper schnell seine Kerntemperatur verlieren kann, was zu Unterkühlung führt, einem gefährlichen und möglicherweise lebensbedrohlichen Zustand.

Das Spülbeckenverfahren

Für Personen, die gesundheitlich angeschlagen sind, sich aber trotzdem der Kälte stellen möchten, gibt es einen viel sanfteren Weg. Die Spülmethode kommt dem Herzen zugute, ohne es in Gefahr zu bringen. Sprich dennoch sicherheitshalber mit deinem Arzt, bevor du mit dieser Methode fortfährst.

Da der Vagusnerv eine Verbindung zu unserem Gesicht und Hals hat, können wir ihn stimulieren und den Rest unseres Körpers positiv beeinflussen, indem wir kaltes Wasser über Kopf, Hals und Gesicht gießen. Ich verwende diese Methode an Tagen, an denen sich meine Gesundheit leicht beeinträchtigt anfühlt.

Halte deinen Kopf unter den Wasserhahn des Waschbeckens und lasse kaltes Wasser über deinen Kopf laufen. Leite das Wasser mit der Hand über dein Gesicht und deinen Hals. Halte diesen Vorgang für mindestens eine Minute aufrecht. Wenn du mit dem Kopf, dem Gesicht und dem Hals fertig bist, lasse das kalte Wasser über deine Arme laufen.

Wenn du auch damit fertig bist, halte deinen Kopf für ein paar Minuten über das Waschbecken, um das Wasser abtropfen zu lassen und der Raumluft ausgesetzt zu sein. Achte auf deine Atmung. Vielleicht bemerkst du, dass du hin und wieder Atemaussetzer hast, bei denen dein Körper auf natürliche Weise einen großen Atemzug einsaugt und ihn auf belebende Weise wieder ausstößt. Trockne dich ab und gehe deinem Tag nach.

Wenn du findest, dass die Wassertemperatur aus dem Wasserhahn keine ausreichende Herausforderung darstellt, könntest du einen Eimer oder eine große Schüssel mit Wasser füllen und dann etwa zehn Minuten vor deinem Waschbeckenabenteuer so viel Eis hinzufügen, dass die gesamte Wasseroberfläche bedeckt ist. Das sollte genug Zeit geben, damit die Wassertemperatur deutlich sinkt. Entferne das Eis und kippe das Wasser möglichst in einem Zug über deinen Kopf. Führe anschließend die oben beschriebene Spülmethode durch.

Abschließende Anmerkung: Dein Spülbecken kann mit dieser Methode zu einer wässrigen Sauerei werden, was ich aber nicht als Problem empfinde. Wenn du willst, kannst du diese Methode stattdessen in der Dusche anwenden, insofern du einen abnehmbaren Duschkopf hast.

Q & A über kalte Duschen

Frage: Ich finde es schwierig, meinen Körper unter einer kalten Dusche zu reinigen, deshalb dusche ich auch warm. Es scheint eine Verschwendung von Wasser zu sein, beides zu tun.

Antwort: Die kalten Duschen funktionieren gut für die Reinigung des Körpers, aber du müsstest es auf die alte Weise mit einem rauen Tuch tun, um die Haut zu reinigen. Auf diese Weise entfernst du die abgestorbene Haut, behältst aber die gesunden Öle. Du wirst feststellen, dass deine Haut auf diese Weise nicht so leicht austrocknet und gesünder ist, als wenn du immer Seife verwenden würdest. Was die Reinigung der Haare angeht, so kann auch das mit einer kalten Dusche und ohne Seife geschehen, aber es erfordert einige

Monate harter Arbeit, um deine Kopfhaut und Porengesundheit wieder ins Gleichgewicht zu bringen. Da nur wenige Menschen bereit sind, das zu tun, was erforderlich ist und da dieser Aspekt nicht viel mit diesem Buch zu tun hat, werde ich ihn hier auslassen.

Frage: Muss ich kalt duschen, um zu erwachen?

Antwort: Was erforderlich ist, hängt vom Individuum ab. Das heißt, die innere Kraft, die das Unbehagen der kalten Dusche vermeiden will, kann genau das sein, was das verhindert, was man als Erwachen bezeichnen könnte. In jedem Fall erfordert das Erwachen, wenn das dein Ziel ist, eine Aufweichung des Widerstands gegen Veränderungen, Herausforderungen und Unbehagen. Kalte Duschen helfen dir, das zu tun.

Frage: Können kalte Duschen krank machen?

Antwort: So vielen von uns wurde gesagt: „Zieh deinen Mantel an, sonst holst du dir den Tod vor Kälte! Bleib aus dem Regen raus, sonst wirst du krank." Eine Erkältung bekommt man nicht, wenn man kalt ist. Eine Erkältung kommt von einem Virus, nicht von der Temperatur. Das heißt, wenn dein Immunsystem stark geschwächt ist und du den Erkältungsvirus hast, dann kannst du krank werden. Der beste Weg, gesund zu bleiben, ist, das Immunsystem zu stärken. Um das zu tun, muss man das Immunsystem herausfordern. Das Konzept ist nicht anders als das Heben von Gewichten mit dem Ziel, stärker zu werden. Zusammenfassend lässt sich sagen, dass ein kontrollierter Umgang mit Erkältungen und anderen Belastungen für die allgemeine Gesundheit von Vorteil ist.

Frage: Bekommt man eine Unterkühlung, wenn man im Winter kalt duscht?

Antwort: Du kannst bei jeder Temperatur unter deiner Körpertemperatur eine Unterkühlung bekommen. Menschen bekommen eine Unterkühlung, wenn sie sich zu lange bei niedrigeren Temperaturen aufhalten. Der Schutz vor Unterkühlung hängt weitgehend von deinem Gesundheitszustand ab. Der Schlüssel zur Vermeidung einer Unterkühlung nach einer Kälteexposition ist es, deinen Körper wieder aufzuwärmen. Das kannst du mit warmem Wasser tun, indem du ausreichend trockene Kleidung anziehst, ein warmes Getränk trinkst und so weiter.

Kapitel 9

Fließen mit Gesundheitsproblemen

Da wir mit Kälteeinwirkung arbeiten, müssen wir uns über mögliche Erkrankungen im Klaren sein, die unser Training erschweren können, vor allem das Raynaud-Syndrom und damit verbundene Autoimmunerkrankungen. Wenn du nicht an einer Autoimmunerkrankung leidest, kannst du das nächste Kapitel überspringen.

Das Raynaud-Syndrom ist eine Durchblutungsstörung, die einen verminderten Blutfluss in den Fingern verursacht, aber auch die Zehen, Knie, Brustwarzen, Ohren, Nase oder Lippen können betroffen sein. Nach Angaben der rheumatologischen Abteilung des Johns Hopkins Hospitals sind die Raynaud-Symptome auf Krämpfe der Blutgefäße in den genannten Bereichen zurückzuführen. Die Spasmen werden durch Kälteeinwirkung, Stress oder emotionale Aufregung ausgelöst.

Das Raynaud-Syndrom betrifft etwa vier Prozent der Bevölkerung. Die häufigste Form des Raynaud-Syndroms zeigt sich typischerweise bei Menschen im Alter zwischen 15 und 30 Jahren und am häufigsten bei Frauen.

Wenn das Raynaud-Syndrom bei Menschen über 30 Jahren auftritt, ist es typischerweise mit anderen Erkrankungen wie Autoimmun- oder

Bindegewebserkrankungen verbunden, Krankheiten wie Lupus, Sklerodermie, CREST-Syndrom, Morbus Buerger, Sjögren-Syndrom, rheumatoide Arthritis, Gefäßverschlusskrankheiten, Polymyositis, Blutkrankheiten, Schilddrüsenerkrankungen und pulmonale Hypertonie. Obwohl diese Zusammenhänge bekannt sind, ist die wahre Ursache des Raynaud-Syndroms noch unbekannt.

Die Symptome des Raynaud-Syndroms können von Person zu Person ein wenig variieren, aber es gibt gemeinsame Elemente. Das erste und häufigste Symptom sind Finger, die blass oder weiß, dann blau werden, wenn sie Kälte ausgesetzt sind. Dieses Symptom wird oft von Taubheit und Schmerzen begleitet. Raynaud kann sich auch bei Stress oder emotionaler Aufregung äußern. Ein weiteres Symptom sind Hände, die bei Erwärmung anschwellen und sich schmerzhaft anfühlen. Wenn die Hände erwärmt werden, färben sie sich schließlich rot. Die Erwärmung dauert in der Regel nur Minuten, aber in seltenen Fällen kann es Stunden dauern, bis die betroffenen Bereiche wieder richtig durchblutet sind. In schweren Fällen können sich Wunden an den Fingerkuppen bilden, die leicht zu einer Infektion und möglicherweise zu Gangrän führen können, was in seltenen Fällen eine Amputation erforderlich machen kann.

Laut der Website der Johns Hopkins Medical School kann eine Reihe von Faktoren das Risiko, an Raynaud zu erkranken, erhöhen, nämlich Bindegewebs- oder Autoimmunerkrankungen, chemische Belastungen, Zigarettenrauchen, Verletzungen oder Traumata, sich wiederholende Handlungen wie Tippen oder der Gebrauch von vibrierenden Werkzeugen wie Kettensägen und Presslufthämmern sowie die Nebenwirkungen bestimmter Medikamente (Raynaud-Phänomen).

Die Behandlung des Raynaud-Syndroms umfasst in der Regel die Vermeidung von Stressoren, die das Syndrom auslösen, wie z. B. Kälte, Stress oder emotionale Aufregung. Wenn du an Raynaud leidest, solltest du dich warm anziehen und das Rauchen vermeiden. Koffein, Östrogen und nichtselektive Betablocker werden oft als verschlimmernde Faktoren genannt, aber die Beweise sind noch nicht ausreichend, um sicher zu sein, dass sie vermieden werden sollten (Wigley und Flavahan).

Ich habe persönliche Erfahrungen mit dem Raynaud-Syndrom, ebenso wie eines meiner Geschwister. In meinem Fall begann es, als ich älter war, offenbar als Komplikation einer Autoimmunerkrankung, die sich als rheumatoide Arthritis in meiner Wirbelsäule äußerte. Mein Arzt sagte, dass diese Arthritis höchstwahrscheinlich durch einen Pferdeunfall ausgelöst wurde, als ich 17 Jahre alt war, ein Ereignis, das meine Wirbelsäule wie ein Akkordeon zerdrückte.

Als ich in meine 40-Jahre kam, zeigten sich die ersten Symptome von Raynaud in meinen Fingern, die farblos und taub wurden, wenn ich meine Hände in kaltem Wasser wusch oder wenn ich mich in kalter Luft aufhielt. Das Raynaud-Syndrom wurde zu einer Lernchance. Ich konnte kein kaltes Bad nehmen, etwas, das ich früher genoss, also wechselte ich zu modifizierten, kalten Duschen. Wenn du an Raynaud leidest und dein Arzt dies befürwortet, gibt es einige einfache Anpassungen, mit denen du kalt duschen kannst.

Wenn kalte Duschen das Raynaud-Syndrom anregen, besteht der Trick darin, zuerst die Badewanne mit warmem Wasser zu füllen und sich dann in dieses warme Wasser zu stellen, während du kalt duschst. Nach dem Duschen legst du dich in die warme Badewanne, um den Kern wieder aufzuwärmen.

Ich begann, die körperliche Entzündung ernst zu nehmen und setzte all mein Wissen und mein Bewusstsein ein, um das Problem zu überwinden. Ich erkannte, dass alles, was ich tat, zutiefst hilfreich und entzündungshemmend war: Vagusatmung, Meditieren, Chanten, Kaltwasserduschen, eine entzündungshemmende Ernährung, alles hatte wichtige Auswirkungen. Ausdauernd praktiziert, hast du ein innovatives Protokoll, das die Symptome von Raynaud und damit verbundenen, entzündlichen Erkrankungen verhindern oder reduzieren kann.

Als ich dieses Protokoll eine Zeit lang beibehielt, stellte ich fest, dass ich die kalten Duschen nehmen konnte, ohne Raynaud-Symptome zu bekommen. Wenn ich jedoch Koffein konsumierte, kehrten die Symptome zurück. Koffein ist, ähnlich wie Tabak, ein Vasokonstriktor. Ich testete es immer wieder und fand eine perfekte Korrelation zwischen dem Konsum von Koffein und dem Auftreten von Raynaud-Symptomen durch Kälteeinwirkung.

Typischerweise dauerte es drei bis vier Tage der Koffeinabstinenz, bis die Raynaud-Reaktion unter der kalten Dusche nicht mehr auftrat. Selbst entkoffeinierter Kaffee und Tee lösten die Reaktion aus, da es keine Möglichkeit gibt, Koffein vollständig zu entfernen. Und wer weiß, vielleicht sind ja noch andere Stoffe im Kaffee, die meinem Körper nicht gut bekommen sind.

Nach mehreren Jahren der Aufrechterhaltung einer starken entzündungshemmenden Routine stelle ich fest, dass ich eine Tasse koffeinhaltigen Kaffee oder Tee trinken und eine kalte Dusche nehmen kann, ohne dass eine Raynaud-Reaktion auftritt. Ein kaltes Bad zeigt jedoch die Symptome. Natürlich kann das, was ich hier über meine persönlichen Erfahrungen erzähle, auf den Gesundheitszustand anderer Menschen zutreffen oder auch nicht, aber die wissenschaftliche Forschung zeigt, dass alle oben genannten Praktiken entzündungshemmende und immunregulierende Vorteile haben, daher hoffe ich, dass du sie genauso hilfreich findest wie ich.

Viele meiner Schüler, die die Herausforderung angenommen haben, die TEM-Praktiken in ihr Leben zu integrieren, haben von bemerkenswerten, gesundheitlichen Verbesserungen berichtet. Ich vermute, dass du, wenn du die hier angebotenen Werkzeuge erforschst und deine Ernährung umstellst, feststellen wirst, dass Raynaud sowie viele andere Autoimmunerkrankungen nachlassen oder ganz aus deinem Leben verschwinden. Selbst für Menschen, die nicht erkennen, dass sie Autoimmunprobleme haben, könnten diese Veränderungen eine Reduzierung oder Beseitigung von Gelenkknarren, steifen Nacken und verspannten Schultern bewirken.

Was die kalten Duschen angeht, so solltest du, wenn du gesundheitliche Probleme hast, die dich anfällig für unerwünschte Reaktionen machen, versuchen, sie im Stehen in heißem oder warmem Badewasser zu nehmen, so dass du, sobald die Dusche beendet ist, in das warme Bad sinken kannst, um deine Kerntemperatur schnell zu erwärmen, was das Blut zurück in die krankheitsbetroffenen Bereiche bringt.

Wenn sich deine Raynaud-Reaktion so extrem manifestiert, dass selbst die Option des warmen Bades bei dir nicht funktioniert, findest du vielleicht die folgende Modifikation des Protokolls hilfreich. Wir können unseren Körper zur Wärmespeicherung nutzen, um die Raynaud-Reaktion während der kalten Dusche zu verhindern. Dazu füllst du zunächst die Badewanne mit heißem Wasser und badest, bis dein Körper mit Wärme gefüllt ist.

Sobald die Körperbatterie mit Wärme aufgeladen ist, stellst du dich in das warme Wasser und schaltest die kalte Dusche ein. Dabei wirst du feststellen, dass die Kälte nicht annähernd so schockierend ist, weil dein Körper so viel Wärme abstrahlt. Die gespeicherte Energie wird dein Blut erwärmt haben, was deinen Kreislauf wahrscheinlich davon abhalten wird, den Blutfluss zu den Extremitäten zu blockieren.

Wenn du mit dem Duschen fertig bist, stellst du vielleicht fest, dass du noch warm bist. Wenn nicht, kannst du dich jederzeit wieder in die Badewanne legen, um dich aufzuwärmen.

Dieses Protokoll sollte dich vor schweren Raynaud-Reaktionen bewahren, während du deine Gesundheit mit der Zeit verbesserst. Schon bald wirst du feststellen, dass du das vorbereitende Ritual nicht mehr brauchst und mit weiterer Übung wirst du vielleicht entdecken, dass du auch das Bad nach der Dusche getrost weglassen kannst.

Andere Behinderungen

Wenn du an einem anderen Gesundheitszustand leidest, der eine sichere Anwendung von kalten Duschen verhindert, gibt es einen anderen Ansatz, der für dich gut funktionieren kann.

Benutze dein Waschbecken oder einen Eimer mit kaltem Wasser, mache einen Waschlappen nass und verteile damit das kalte Wasser über deinen Körper. Wenn du z. B. in einem Rollstuhl sitzt, kannst du dein Hemd und deine Socken ausziehen und deine Hosenbeine hochziehen, um deine Unterschenkel freizulegen. Wische mit dem nassen Lappen über die freiliegenden Bereiche, einschließlich Gesicht und Hals.

Du wirst feststellen, dass der Waschlappen durch deine Körperwärme schnell warm wird, so dass du ihn immer wieder mit kaltem Wasser befeuchten solltest, während du deinen Körper abwäschst. Bei jeder Anwendung von Kälte wirst du vielleicht bemerken, dass dein Nervensystem mit ein wenig Anspannung reagiert. Das ist in Ordnung.

Sobald du deinen Körper befeuchtet hast, besteht die Herausforderung darin, den Körper an der Luft trocknen zu lassen. Das Lufttrocknen kann deine Körpertemperatur schnell absenken, daher ist das Lufttrocknen für Personen, die starke Raynaud-Symptome haben, möglicherweise nicht ratsam. Eventuell auftretende Raynaud-Symptome sind ein guter Indikator dafür, dass du die Lufttrocknung auslassen solltest.

Während du an der Luft trocknest, wirst du wahrscheinlich feststellen, dass sich die Brustwarzen zusammenziehen. Ein bisschen Zittern ist auch zu erwarten, aber sobald das Zittern so stark wird, dass deine Zähne anfangen zu klappern, solltest du dich abtrocknen, deine Kleidung wieder anziehen und tun, was du kannst, um deinen Körper wieder aufzuwärmen.

Wenn du monatelang auf diese Weise übst, wirst du wahrscheinlich feststellen, dass sich dein Körper mehr entspannen kann, wenn das kalte Tuch die Haut berührt. Er wird nicht so schnell anfangen zu zittern. Du wirst länger an der Luft trocknen können und dein Körper wird schneller warm. Dies sind alles wichtige Anzeichen für eine Verbesserung!

Kapitel 10

Fortschritte messen

An diesem Punkt unseres Trainings wirst du kaum einen Unterschied zwischen dem, was wir tun, und dem, was andere Kälte-Enthusiasten tun, feststellen. Alle Formen des Kältetrainings können vorteilhaft sein, wenn sie sicher praktiziert werden. Wenn wir fortschreiten, wirst du eine gewisse, aber kritische Abweichung in der Methodik erkennen können. Alle TEM-Trainingswerkzeuge sollen uns helfen, in jedem Moment unseres Lebens klar und fähig zu sein, was bedeutet, jederzeit ein lebendiges, meditatives Bewusstsein zu haben, wie es das Ziel eines Meister-Samurai wäre.

Die Samurai-Mentalität

Stell dir vor, du bist ein Samurai-Krieger, dessen Leben und Fähigkeit zu dienen und zu schützen von einem anhaltenden Bewusstsein auch unter enormem Druck abhängt. Nehmen wir an, du musst während deines Dienstes einen eiskalten Fluss überqueren. Würdest du vor der Kälte zurückschrecken? Würde dein Atem krampfhaft werden? Wenn du ein Samurai wärst, der sein Gehalt wert ist, nein. Wenn du nicht richtig trainiert hättest, würdest du mit dem Fluss kämpfen und dein Meister, der deinen

Kampf sieht, würde dich wahrscheinlich von deinen Aufgaben entbinden, denn während du zuckst und krampfhaft atmest, bist du sicher nicht bei Bewusstsein oder fähig zu einem effektiven Dienst.

Um den Körper und den Geist zu trainieren, weniger reaktiv zu sein, weniger anfällig für das Zucken, machten gewissenhafte Samurai Gebrauch von Kältetraining, manchmal unter Wasserfällen, aber oft zu Hause oder auf dem Feld mit Eimern kalten Wassers nach dem Aufwachen aus dem Schlaf. Ihr Ziel war es nicht nur, Körper und Geist so zu konditionieren, dass sie weniger zum Zucken neigten, sondern auch, dass sie scharf und fähig aufwachten, bereit zum Handeln.

Eine der Schlüsseleigenschaften eines Samurai-Meisters war, dass er immer danach strebte, seine Fähigkeiten zu messen, um sich über seine aktuelle Kapazität und seinen Zustand sicher zu sein. In Anlehnung an diese Denkweise werde ich dir eine Reihe von leistungsstarken Werkzeugen zur Verfügung stellen, um deine aktuelle Kapazität und deinen Fortschritt zu messen.

Du kannst wahrscheinlich die Frustration nachempfinden, die Menschen empfinden, wenn sie keine klaren Fortschritte bei ihren Bemühungen sehen können, was sie eher dazu bringen könnte, aufzugeben. Wenn du ein Messgerät hättest, das deine Verbesserung deutlich zeigt, würdest du dein Training viel eher fortsetzen.

Das Tolle am Körper ist, dass er nicht lügt. Egal, wie bewusst wir uns verstellen mögen, wenn wir unter Druck gesetzt werden, wird das Atmungs- und Kreislaufsystem die Wahrheit sagen. Lass uns also unseren Stolz herunterschlucken und diese Tatsache ausnutzen, indem wir bei unserem Kaltwassertraining ein Messgerät einsetzen, das die Fähigkeit unseres Körpers demonstriert, bei plötzlicher Kälte gleichmäßig zu atmen.

Messung des Fortschritts durch Primärtöne

Wie ich in der Einleitung zu Teil III sagte, liegt der Schlüssel zu schnellen Fortschritten darin, dass du als Individuum das richtige Tempo einhältst. Wenn du versuchst, ein von mir empfohlenes Tempo einzuhalten und du bist ein Durchschnittsmensch, dann wird es wahrscheinlich gut für dich funktionieren. Wenn du aber außerhalb der Norm liegst, wird das Tempo für dich unpassend sein. Anstatt zu versuchen, dich an ein einheitliches

Tempo anzupassen, wäre es viel besser, wenn du dein eigenes Tempo finden könntest.

Zu diesem Zweck können wir primäre Klänge verwenden. Und so funktioniert es. Unmittelbar bevor du die Dusche betrittst, nimm einen vollen Atemzug und beginne, die Primärlaute von „Ah", laut zu vokalisieren, um eine Basislinie für die Stabilität des Klangs zu erhalten, wenn du nicht unter Druck stehst. Fahre mit dem Singen des Tons fort, bis deine Lungen leer sind. So erhältst du ein allgemeines Gefühl dafür, wie laut, gleichmäßig und lang du den Ton mit einem Atemzug halten kannst, wenn du nicht unter Druck stehst.

Achte darauf, dass du deinen Mund so weit öffnest, dass der Ton ausreichend nachklingt, aber auch, dass er nicht so laut wird, dass sich deine Familienmitglieder gestört fühlen. Du könntest auch erwägen, sie vorab über diese Praxis zu informieren, um niemanden zu überraschen.

Jetzt, wo du deine Basislinie für deinen primären Klang hast, steige in die Dusche, atme noch einmal ein und beginne, deinen Klang zu produzieren. Schalte sofort das Wasser an und lasse es über Kopf, Brust und Rücken laufen, insbesondere über die Bereiche, die dir am schwersten fallen.

Achte auf ein Schwanken des Grundtons. Typischerweise stellen Anfänger fest, dass sie einen Gesang nicht aufrechterhalten können, weil ihre Lungen zu sehr verkrampfen, um einen kontrollierten Klang zu erzeugen. Wenn du zum ersten Mal kalt duschst, bist du wahrscheinlich nicht in der Lage, den Ton unter Druck genauso zu erzeugen, wie du es vor der Wassereinwirkung konntest. Sei nicht beunruhigt, denn jetzt kennst du deine aktuelle Kapazität im Vergleich zu dem Punkt, an den du gelangen möchtest, nämlich genau so, wie vor dem Duschen. Auch hier spiegelt deine Atmung die Fähigkeit des physischen Körpers wider, unter Druck klar und leistungsfähig zu bleiben.

Unabhängig davon, wie du beim ersten Mal abgeschnitten hast, als du die primären Geräusche zur Beurteilung deiner Kapazität verwendet hast, wirst du dich verbessern wollen. Versuche daher jeden Tag unter der kalten Dusche die gleichen vollmundigen, langen Töne zu erzeugen wie vor der kalten Dusche.

Bei dieser Übung wirst du feststellen, dass jegliche Lungenkontraktionen beim Chanten leicht zu hören und zu spüren sind. Beachte auch, dass du, wenn diese Kontraktionen auftreten, selbst wenn sie klein sind, den Ton nicht so vollständig oder so lange produzieren kannst, wie du es ohne Druck könntest.

Personen, die sich besser an die Kälte gewöhnt haben, können vielleicht einen Primärlaut erzeugen, aber nicht ganz so reibungslos wie vor der Dusche. Das Üben von Primärgeräuschen mit jeder kalten Dusche über einen Zeitraum von mehreren Tagen wird in der Regel eine deutliche Verbesserung zeigen. Diese Verbesserung betrifft nicht nur die Fähigkeit, einen Ton zu erzeugen, sondern auch die Fähigkeit deines Körpers, mit Stress umzugehen und dabei bewusst und leistungsfähig zu bleiben, etwas, das in jedem stressigen Moment deines Lebens hilfreich sein wird!

Nach ein paar Wochen wirst du vielleicht feststellen, dass du einen perfekten „Ah"-Laut erzeugen kannst. Die nächste Herausforderung wäre, den „Oh"-Laut zu versuchen. Wenn du auch diesen Laut gut produzieren kannst, gehe zum „Mmm"-Laut über und sieh, wie das funktioniert. Wenn du diesen Laut beherrschst, mache mit dem "Eh"-Laut weiter. Fahre auf diese Weise fort, sobald du einen Laut beherrschst, gehe immer zum nächsten über. Probiere nach „Eh" die Laute „Ich" und „Ee" aus, um herauszufinden, welches die nächste, richtige Herausforderung ist. Arbeite dich durch die Laute, bis du beim letzten Laut angelangt bist. Ziel ist es, diesen Laut zu beherrschen. Innerhalb von ein paar Wochen bis zu einem Monat wirst du wahrscheinlich feststellen, dass du alle diese Laute unter der kalten Dusche fehlerfrei oder nahezu fehlerfrei produzieren kannst.

Zusammenfassend lässt sich sagen, dass sich beim Chanten die subtilen Verschiebungen in der Atmung im Klang und im Druck unserer Zwerchfellkontraktionen zeigen, so dass man sie viel leichter hören und fühlen kann. Der Klang macht offensichtlich, was sonst undeutlich war.

Teil IV

Den Verstand trainieren

Für die große Mehrheit von uns, ist unser eigener Geist unser größtes Hindernis, egal, ob wir uns dessen bewusst sind, oder nicht. Mit deinem Training wirst du bald erkennen, wie sehr sich dein Geist deinen weisen Zielen widersetzen könnte oder wie oft er dich durch ungesunde Triebe und Zwänge in die Irre führt.

Wenn wir wirklich darauf achten, was mit unseren Gedanken und Emotionen geschieht, kommen wir nicht umhin, uns einzugestehen, dass wir tatsächlich nicht die Kontrolle über unser Leben haben. Wenn wir eine Liste mit allen gesunden Dingen machen, die wir für unser Leben getan haben, stellen wir vielleicht fest, dass wir nur wenige dieser Ziele tatsächlich umsetzen. Sogar die Ziele eines einzigen Tages in unserer Erfahrung zu manifestieren, kann wie das Hüten von Katzen erscheinen. Oder, um das Problem aus einem anderen Blickwinkel zu betrachten, könnten wir eine Liste von ungesunden Beschäftigungen erstellen, die wir vermeiden wollen, nur um dann festzustellen, dass unsere Triebe und Zwänge uns dazu gebracht haben, viele oder alle davon zu machen.

Wenn wir herauszoomen, um unser Lebensmuster über ein Jahr hinweg zu betrachten, sehen wir vielleicht, dass unsere Entscheidungen für gesunde

Gewohnheiten nicht annähernd so lange gehalten haben, wie wir es uns vorgenommen hatten und dass wir ziemlich weit von dem Weg entfernt leben, den wir am Neujahrstag eingeschlagen hatten. Vielleicht machen wir uns nicht einmal mehr die Mühe, uns Ziele zu setzen.

Wir sind weise, wenn wir uns eingestehen, dass wir nicht annähernd so viel Kontrolle über unser Leben haben, wie wir glauben. Die Frage ist: Was oder wer hat das Sagen? In Teil IV werden wir diese Frage näher betrachten. Durch unsere Untersuchung werden wir entdecken, auf welche Weise sich Kräfte unseren Zielen widersetzen und wie wir durch diese Widerstandsversuche navigieren können. Mit einigen grundlegenden, inneren Navigationsfähigkeiten können wir den Geist anleiten, sich in gesunde Richtungen zu bewegen, ungeachtet der Gedanken und Gefühle, die er heraufbeschwört, wenn er versucht, das zu vermeiden, was nützlich, aber unangenehm ist.

Kapitel 11

Umgang mit Angst

Nachdem du ein paar Tage lang morgens kalt geduscht hast, bemerkst du vielleicht einen gewissen physischen oder psychologischen Widerstand gegen das morgendliche Duschen. Für viele Anfänger dieser Praxis bringt das morgendliche Aufwachen die unmittelbare Angst vor der kalten Dusche mit sich. Wenn du ein inneres Raunen und den starken Wunsch verspürst, dich wieder auf den Rücken zu drehen und weiterzuschlafen, solltest du wissen, dass du nicht allein bist. In der Tat sind diese Gefühle zu Beginn des Prozesses völlig normal.

Um die wahre Herkunft dieser Gefühle zu entdecken, lass uns versuchen, den Prozess unserer kalten Dusche ein wenig verändern, insbesondere den Zeitpunkt. Nimm in den nächsten Tagen deine kalte Dusche zu einer Tageszeit, zu der du auf oder nahe dem Höhepunkt deiner Energie bist. Um herauszufinden, wann du am energiegeladensten bist, überlege, zu welcher Tageszeit du dich typischerweise am leichtesten fühlst, zu der Zeit, zu der du am bereitwilligsten aktiv bist.

Achte auf den Grad des geistigen und körperlichen Widerstands, den du spürst, bevor du das Wasser aufdrehst. Beachte auch den Grad des

Unbehagens, den du in der Dusche empfindest und die Zeitdauer, die du im kalten Wasser verbringen kannst, im Vergleich zu morgens.

Was du wahrscheinlich bemerken wirst, ist, dass du weniger Widerstand gegen die kalte Dusche verspürst, wenn dein Körper energiegeladen ist. Die Erfahrung ist weniger schockierend und du bist in der Lage, länger im kalten Wasser zu bleiben. Dieses Experiment zeigt, dass du dich motivierter fühlst, wenn du Energie hast und daher viel eher bereit bist, dich unangenehmen Herausforderungen zu stellen. Umgekehrt fühlst du dich weniger motiviert, wenn sich dein Körper in einem energiearmen Zustand befindet und du neigst dazu, ein höheres Maß an physischem und psychischem Widerstand zu erleben, als du es sonst tun würdest.

Um den Punkt weiter zu verdeutlichen, lass uns ein weiteres Experiment durchführen, aber dieses Mal gleich morgens. Stehe auf, gehe ins Badezimmer und fülle die Badewanne mit heißem Wasser. Erledige deinen Toilettengang und wenn die Wanne voll ist, ziehe dich aus und steige hinein. Bleibe fünf bis zehn Minuten im warmen Wasser, um deine Körperkerntemperatur vollständig aufzuwärmen.

Sobald dein Körper mit Wärme aufgeladen ist, lasse das Wasser ab, stehe auf und stelle dich unter den Duschkopf. Drehe ihn auf volle Kälte und sieh, wie dein Körper reagiert. Ich wette, diese kalte Dusche ist viel einfacher, als du es dir vorgestellt hast. Die Frage ist, warum?

Wir können den Körper als eine wiederaufladbare Batterie betrachten. Wenn der Körper voller Energie ist, ist er eher in der Lage, Druck mit Stärke zu verarbeiten. Wenn der Akku leer ist, fühlt sich der Körper schwach und empfindlich und wird instinktiv versuchen, Druck zu vermeiden. Die negativen Emotionen, die viele von uns als Widerstand gegen den gegenwärtigen Moment empfinden, können oft verbannt werden, wenn wir den Körper einfach auf bestimmten Wegen stärken.

Durch die Straffung des Nervensystems, die Stärkung der Muskeln des Kreislaufsystems, die Stimulierung der Bildung gesünderer Zellen und die positiven Veränderungen im Gehirn durch Neuroplastizität stellen wir fest, dass wir mehr Energie haben und besser in der Lage sind, intensivem Druck zu begegnen, ohne zu schwanken. Effektiv ist unsere Batterie größer und effizienter geworden.

Das bringt uns also zurück zum Experiment mit dem heißen Bad. Als du deinen Körper mit heißem Wasser aufgeladen hast, wirkte die Wärme wie

Unerschütterliche Bewusstheit

eine Art Isolierung gegen die Kälte. Wenn du lange genug in der Kälte bleiben würdest, würde deinem Körper diese zusätzliche Wärme entzogen werden und deine Kerntemperatur würde beginnen, in die Unterkühlung zu fallen.

Die wichtigste Erkenntnis ist, dass, egal wie stark die Körperbatterie ist, es Grenzen für ihre Toleranzen gibt, so dass es ratsam ist, die Grenzen des Körpers sorgfältig auszuloten. Zu Beginn der Praxis kann die Körperenergie im Vergleich zu dem Potenzial, das durch regelmäßiges tägliches Training erreicht werden kann, vergleichsweise schwach sein.

Um auf den Alltag zurückzukommen: Wenn du darauf achtest, wann du dich am ehesten frustriert fühlst, wirst du feststellen, dass dies tendenziell dann geschieht, wenn du ein wenig hungrig oder müde bist - also wenig Energie hast. In Anbetracht dessen ist eine der effektivsten Möglichkeiten, negative Emotionen und den oft folgenden Beziehungsstreit zu reduzieren, die Energie des Körpers zu stärken.

Natürlich wirst du, auch wenn du dir bereits mehr Energie antrainiert hast, immer noch von Zeit zu Zeit die Widerstände des Geistes erleben. Das passiert mir sicherlich auch. Der Widerstandsprozess des Geistes kann jedoch unser Verbündeter sein, da er uns hilft, achtsam mit unserer Energie umzugehen.

Das erste, was zu beachten ist, wenn Widerstand aufkommt, ist die mentale Geschichte, die ihn begleitet. „Ich hasse diese kalten Duschen. Ich will da nicht reingehen." Dann sagt eine andere Stimme: „Ja, aber ich weiß, dass es gut für mich ist. Ich sollte da reingehen." Dieser Stimme wird entgegengehalten: „Ja, aber vielleicht könnte ich es heute auslassen und stattdessen morgen machen..."

Beachte, wie eine innere Kraft darauf abzielt, das zu tun, was gesund ist und eine andere innere Kraft scheint darauf ausgerichtet zu sein, Unbehagen zu vermeiden. Wenn wir anfangen, die inneren Kräfte genau zu beobachten, erkennen wir, dass es eine Vielzahl von ihnen gibt. Es ist ein ziemliches Durcheinander, doch wir können aufmerksamer werden. Wir wollen bemerken, welche Kräfte unsere Handlungen und Nicht-Handlungen vorhersagen, denn diese Kräfte repräsentieren unsere tiefsten Muster, von denen viele vielleicht aufgeweicht werden müssen, wenn wir wirkliche Fortschritte machen wollen.

Umgang mit Angst

Jede dieser Kräfte existiert, weil sie in irgendeiner Weise unterstützt wurde. Wenn wir zum Beispiel die Kraft unterstützen, die sagt: „Ich lasse es heute ausfallen und mache es stattdessen morgen", werden wir bald feststellen, dass das Morgen, an dem wir es tatsächlich durchziehen, immer schwieriger zu erreichen ist und schon bald werden wir die gesunde Herausforderung nicht mehr annehmen. Und je mehr wir uns auf Herausforderungen einlassen, desto weniger Macht hat die widerständige Kraft über uns.

Am Anfang wird die Widerstandskraft jedoch wie wild kämpfen. Sie wird kämpfen und kämpfen und noch mehr kämpfen, bis ihr die Energie ausgeht. Wenn wir zulassen, dass die Anhaftung des Geistes an die bequeme Trägheit unsere Entscheidungen und Handlungen dominiert, werden wir später wahrscheinlich Schuldgefühle haben und unsere Selbstachtung verlieren. Die Schuldgefühle sind ein Angriff auf das Selbst und sie sind nicht hilfreich. Anstelle von Schuldgefühlen könnten manche Menschen dem Trainingssystem die Schuld geben und denken: „Welcher Idiot denkt, dass selbstverschuldetes Waterboarding eine brauchbare Strategie zur Lebensverbesserung ist?"

Okay, vielleicht hast du nicht genau diesen Gedanken gehabt, aber die Chancen stehen gut, dass dein Verstand irgendeine Erzählung beherbergt, die nicht hilfreich ist und dich selbst oder die Trainingsmethode kritisiert. Das Erste, was du wissen solltest, ist, dass der Widerstand, den du wahrnimmst, weder falsch noch richtig ist. Wenn wir intensiven Widerstand erfahren, ist es nicht hilfreich, zu leugnen, was tatsächlich passiert. Wir versuchen nicht, eine Handlung beim ersten Versuch „perfekt" auszuführen. Wir entwickeln Bewusstsein durch Selbststudium. Richtig oder falsch hat wenig mit dem Widerstand zu tun. Sei bereit, ohne dich selbst zu verurteilen, zu beobachten, was in deinem Körper und Geist geschieht. Und dann mache weiter.

Das TEM-Training zielt nicht nur darauf ab, mit Kälte gut umgehen zu können, sondern auch darauf, sich gut durch die unzähligen nicht hilfreichen Kräfte zu bewegen, die jeden Tag in und um uns herum auftreten. Es ist hilfreich, jeden Morgen bereitwillig eine kalte Dusche zu nehmen, egal wie schwach wir uns zu diesem Zeitpunkt fühlen. Genauso hilfreich ist es, sich durch die vielen Widerstände zu kämpfen, die dein Körper und dein Geist gegen die Praxis aufbringen. All das ist ein lebenswichtiges Training, das die Qualität deines Lebens erheblich verbessert und es dir ermöglicht, mit unerschütterlicher Achtsamkeit durch alle möglichen Schwierigkeiten des täglichen Lebens zu gehen.

Obwohl die Verwirklichung solcher Stärke unter Druck Zeit braucht, wird der Widerstand mit der Übung schwächer. Wenn der Widerstand schwächer wird, wird die ermächtigende Kraft des Bewusstseins in uns stärker, was es viel einfacher macht, die Herausforderungen anzugehen, die das Wohlbefinden und das Bewusstsein weiter unterstützen. „Unzählige Einflüsse von Kräften in uns" mag auf den ersten Blick ein wenig esoterisch oder „woo-woo" erscheinen, aber es spiegelt genau das wider, was tatsächlich ständig in unseren Gehirnen passiert.

Jede der vielen Kräfte, über die ich gesprochen habe, stellt unterschiedliche, aber möglicherweise vernetzte, neuronale Bahnen dar, die sich in Verbindung mit unserem Lebensmuster verbunden haben. Je mehr wir eine neuronale Bahn füttern, indem wir mit ihr einverstanden sind und sie trainieren, desto mehr versorgt das Gehirn diese Bahn mit Nährstoffen. Umgekehrt, je weniger wir diesen neuronalen Pfad nutzen, desto mehr zieht das Gehirn Ressourcen von diesem Pfad ab, um sie anderen Pfaden zuzuweisen, die in Gebrauch sind.

Die grundlegendste Art und Weise, wie wir eine innere Kraft stärken, ist, indem wir uns mit dieser Kraft identifizieren. Um den Punkt zu veranschaulichen: Wenn du dich darauf vorbereitest, unter die Dusche zu gehen und die Stimme in deinem Kopf sagt: „Ich lasse es heute ausfallen und mache es stattdessen morgen", kannst du annehmen, dass diese Stimme deine eigene war. Würdest du das Phänomen einem Freund erklären, könntest du sagen: „Ich hatte vor, meine kalte Dusche zu nehmen, dann, als ich mich gerade ausziehen wollte, dachte ich mir: 'Ich habe heute Morgen keine Lust zu duschen, also mache ich es stattdessen morgen."

Sobald du die Gedanken und Emotionen, die du erlebst, für deine hältst, hast du diese neuronalen Bahnen unterstützt, indem du ihnen den lebenswichtigen Nährstoff der Identität gegeben hast. Sei stattdessen neugierig. Mache ein Experiment: Was passiert, wenn du dich nicht mit Gedanken und Gefühlen identifizierst, sondern lediglich die Gedanken und Gefühle wahrnimmst, die das Gehirn deiner Aufmerksamkeit ständig anbietet. Diese Gedanken und Gefühle repräsentieren nur die bestehenden neuronalen Bahnen, mentale/emotionale Wege. Sie sind nicht du.

Ein effektiver Weg, um diese widerständigen, neuronalen Muster oder Anhaftungen an nicht hilfreiche Wege zu handhaben, besteht darin, zu erkennen, dass es sich dabei einfach um Gehirngewohnheiten handelt, die sich mit anhaltendem Bewusstsein ändern werden. Keine dieser Kräfte repräsentiert das grundlegende Du, das vor der Entwicklung dieser Kräfte existierte.

Mit der Zeit wirst du feststellen, dass es äußerst hilfreich ist, sich nicht mit Gedanken und Gefühlen zu identifizieren. Dennoch erliegen die meisten von uns manchmal ihrem Einfluss, auch wenn wir uns nicht bewusst mit unnützen Gedanken und Gefühlen identifizieren.

Kapitel 12

Mentoring des Geistes

Widerständige Gedanken und Gefühle können sehr hartnäckig sein. Um sie erfolgreich zu überwinden, wollen wir sie nicht vermeiden, verleugnen oder mit widerständigen Gedanken und Gefühlen in einen Kampf geraten. Der Wunsch, zu vermeiden, zu leugnen oder zu kämpfen, stellt eine Reaktion des sympathischen Nervensystems dar, die als Kampf-oder-Flucht-Reaktion bekannt ist. Stattdessen suchen wir einen Weg, unsere inneren Abläufe zu studieren und unsere Reaktionen zu verbessern, ohne unfreundliche Gedanken gegen uns selbst zu richten.

Die „Kampf-oder-Flucht"-Reaktion ist eine defensive Reaktion des peripheren Nervensystems, die mit einem hohen Beta-Gehirnwellenzustand zusammenfällt, der eine Trennung vom Gewahrsein darstellt. Die Abkopplung ist das Gegenteil von Meditation und Gewahrsein. Die Kampf-oder-Flucht-Reaktion löst Angst aus, stört die Atmung und verursacht Entzündungen im Körper, was deine kalte Dusche und deine tägliche Lebenserfahrung noch schwieriger macht.

Die Kampf-oder-Flucht-Reaktion führt uns vom primären Bewusstsein weg, nicht zu ihm hin. Anstatt zu kämpfen, zu leugnen oder die Gedanken und Gefühle zu vermeiden, sind wir gut beraten, sie abzuschwächen. Das

Mentoring des Geistes

Geheimnis der Stärkung besteht darin, die Herausforderungen anzunehmen, von denen du weißt, dass du sie tatsächlich heute erledigen wirst, anstatt sie auf morgen zu verschieben, einen Tag, der wahrscheinlich nicht kommen wird. Hier erfährst du, wie du innere Widerstände brechen kannst.

Wenn du einen Gedanken wahrnimmst, schaue, ob es sich anfühlt, als sei es deine Stimme. Wenn es sich wie deine Stimme anfühlt, bedeutet das, dass du dich mit deinen Gedanken und Emotionen identifizierst, was bedeutet, dass du denkst, sie seien du. Halte inne, entspanne dich und defokussiere deinen Geist völlig.

Sobald du entspannt und defokussiert bist, versuche, die Waschbeckenmethode anzuwenden, die du in Kapitel 8 gelernt hast. Vielleicht stellst du fest, dass du diese Methode anwenden kannst, weil sie einen angenehmen, leichteren Schritt zu der Bedrohung durch die kalte Dusche darstellt, die die widerstrebende innere Kraft so sehr zu vermeiden sucht.

Wenn dein Vagusnerv durch die Waschbecken-Methode stimuliert wird, ziehe erneut die Dusche in Betracht. Wärst du bereit, dir die Füße nass zu machen? Zu diesem Zeitpunkt ist die Wahrscheinlichkeit groß, dass du es tun würdest, weil sich dein Körper durch die vagale Stimulation bereits etwas besser fühlt. Steige in die Dusche und mache dir die Füße nass, ohne über diesen Schritt hinaus zu denken.

Halte den kalten Wasserstrahl eine Weile auf deine Füße und frage dich dann, ob du versuchen könntest, das Wasser auf deine Unterschenkel zu richten. Wahrscheinlich wirst du das können. Versuche nun deine Oberschenkel. Mache so weiter, bis du schließlich einen Punkt erreichst, an dem du einfach nicht mehr weitergehen willst. Die meisten Menschen werden feststellen, dass sie in der Lage sind, den ganzen Weg zu gehen, sobald sie ein paar Schritte in den Prozess hineingegangen sind. Wenn du auf etwas stößt, das sich wie eine undurchdringliche Blockade anfühlt, höre auf und lass es sein. Wiederhole den Prozess nächsten Tag und sieh, wie weit du kommst. Die Chancen stehen gut, dass du innerhalb von ein oder zwei Wochen die volle Dusche nehmen kannst, ohne auch nur annähernd so viel Widerstand der inneren Stimme zu spüren.

Der nächste Schritt im Umgang mit der nicht hilfreichen, inneren Kraft besteht darin, zu sehen, ob du nun direkt in die Dusche einsteigen und den

Prozess der Kaltwasserwirkung beschleunigen kannst, indem du ihn zu einem fließenden Verlauf machst, anstatt Schritt für Schritt vorzugehen. Vielleicht sprühst du das Wasser zum Beispiel auf deine Füße und bewegst dich, ohne anzuhalten, langsam nach oben zu deinem Bauch und dann zu deinen Armen und deiner Brust. Vielleicht hörst du am Ende auf, bevor du zu deinem Kopf kommst. Das ist ein Fortschritt. Sei dankbar. Versuche es am nächsten Tag wieder. Bald wirst du in der Lage sein, vollständig in das Wasser einzutauchen.

Mit Ausdauer über einen Zeitraum von Tagen oder Wochen wirst du nur 10-20 Sekunden brauchen, um das Wasser bis zu deinem Kopf zu bekommen. Sobald du diesen Punkt erreicht hast, ist der nächste Schritt, zu sehen, wie lange du unter der kalten Dusche bleiben kannst, wobei du darauf achten solltest, deine aktuelle Kapazität nicht zu überschreiten. Höre auf, bevor der Widerstand zu stark wird. Irgendwann wirst du dir die schrittweise Annäherung abgewöhnen. Du wirst einfach entschlossen in die Dusche gehen, sie auf volle Kälte stellen und deinen Körper sofort in das Wasser eintauchen und du wirst es genießen.

Das Geheimnis bei den schrittweisen Annäherungen ist, zunächst einen kleinen Impuls in die richtige Richtung zu bekommen, indem du das tust, was du in diesem Moment tun kannst. Sobald du diesen ersten Schritt getan hast, prüfe, was du noch bereit bist, zu tun. Meistens wirst du, wenn du mit etwas Kleinem anfängst, feststellen, dass du viel mehr tun kannst, als du zu Beginn erwartet hast. Der Grund dafür ist, dass du den widerstrebenden Verstand weder fütterst noch bekämpfst, sondern stattdessen deinem Körper und deinem Gehirn Schritt für Schritt erlaubst, sich anzupassen. Gleichzeitig passt sich auch deine Einstellung an.

Das Tolle an dieser Strategie gegen Widerstand ist, dass sie auch gut als Strategie zum Erziehen schwieriger Kinder funktioniert. Wenn du einem widerspenstigen Kind sagst, dass es Aufgaben im Haushalt erledigen soll, könnte es sich sträuben und es einfach nicht tun. Wenn du aber sagst: „Du kannst entweder den Müll rausbringen oder den Abwasch machen, entscheide dich", wird es sich in den meisten Fällen nicht widersetzen, weil es sich durch die angebotene Wahlmöglichkeit gestärkt fühlt.

Das Anbieten einer gelenkten Wahlmöglichkeit versetzt dich in die Position eines Mentors und das Kind in die Position, sich ermächtigt zu fühlen, zu wählen. Dieser Prozess hilft einem widerspenstigen Kind, mit der

Zeit die neuralen Bahnen von Respekt, Kooperation, guter Kommunikation und Verantwortung aufzubauen. Das Gleiche passiert, wenn du deinem Körper die Wahl lässt, ob er den Weg durch die kalte Dusche oder eine andere Herausforderung annehmen möchte. Wenn der Körper sich ermächtigt fühlt, wird er zu deinem Verbündeten. Manchmal ist der schnellste Weg der Umweg.

Kapitel 13

Mentoring des Körpers

Wie wir besprochen haben, wird das Training unter der kalten Dusche innere Widerstände aufwirbeln. Um mit deinem Training Fortschritte zu machen und deine Lebensqualität zu verbessern, ist es äußerst hilfreich, die verschiedenen Formen von Widerstand zu kennen, die du erleben könntest. Jeder Mensch erlebt Widerstände, also sei nicht im Geringsten enttäuscht, wenn sie auftreten, denn dich wegen dieser Gefühle schlecht zu fühlen, ist nicht hilfreich. Das Gefühl von Widerstand ist ganz natürlich, wenn wir alte, ungesunde Muster durchbrechen und neue, gesunde Muster entwickeln.

Um sich mit den Kräften des Widerstands vertraut zu machen, solltest du beim Training mit der kalten Dusche sowohl die innere Erzählung deines Verstandes als auch das Körpergefühl beobachten, denn nicht jeder Widerstand kommt in erzählerischer Form. Manchmal haben wir vielleicht keinen inneren Dialog, spüren aber trotzdem körperlichen Widerstand, ähnlich wie dein Hund sich vielleicht wehrt, in die Badewanne zu steigen, wenn er nicht richtig an das Baden gewöhnt wurde.

Ein einfacher Weg, um zu verstehen, was ich mit physischem Widerstand meine, ist, sich daran zu erinnern, wie du als Kind versucht hast, etwas zu tun, das dir Angst machte. Das erste Mal. Hier ist eine lebhafte

Mentoring des Körpers

Erinnerung aus meiner Kindheit, aus der ich immer noch lerne. Hoffentlich kannst du die Geschichte nachvollziehen.

Als ich ein kleiner Junge war, der auf dem Land lebte, versammelten sich die Kinder der Nachbarschaft oft an einem nahegelegenen Bach. Die älteren Kinder sprangen an einer bestimmten Stelle hinüber, aber ich hatte immer Angst, das zu tun. Selbst wenn ich fest entschlossen war, zu springen und darauf zu sprinten, hielt mein Körper im letzten Moment inne. Es gab innere Dialoge, bevor ich den Sprint startete (Was, wenn ich es nicht schaffe?) und auch nach dem erfolglosen Sprint (Ich bin so ein Feigling), aber nie während der Bewegung. Im letzten Moment erstarrte mein Körper, obwohl ich fest entschlossen war, zu springen. Der Körper selbst schien Angst zu haben, den Sprung zu machen.

Ich kann mich deutlich daran erinnern, dass ich in diesem jungen Alter ein Experiment im Zusammenhang mit dem Bachsprung gemacht habe. Ich maß die Breite des Bachbettes mit einem langen Stock aus und markierte diese Breite dann mit zwei Stöcken auf dem Boden. Ich ging rückwärts und sprang immer wieder sicher über den Abstand zwischen den beiden Stöcken. Aus diesem Experiment wusste ich mit Sicherheit, dass ich über den Bach springen konnte, aber trotzdem würde mein Körper am Rand des Bachbettes stehen bleiben. Die Angst kontrollierte meinen Körper und ich musste einen Weg finden, die Angst zu überwinden, damit die älteren Jungen aufhörten, mich zu hänseln.

Schließlich schaffte ich den Sprung, aber nur, indem ich zu einem engeren Bereich des Baches ging, der für die älteren Jungen keine Herausforderung darstellte, für mich aber schon. Ich fand heraus, dass mein Körper diesen Bereich ohne großen Widerstand überspringen würde. Tatsächlich genoss ich den Nervenkitzel dabei sehr. Ich arbeitete mich von dort aus weiter vor und innerhalb weniger Tage sprang ich über den Bereich, gegen den sich mein Körper anfangs sträubte.

Wir alle haben Dinge, bei denen wir uns sträuben. Manchmal müssen wir uns an eine Herausforderung heranarbeiten. Wie lange es dauert, sich einer Herausforderung zu stellen, ist weniger wichtig, als ständig Fortschritte zu machen, während wir auf das Erreichen des Ziels hinarbeiten.

Letztlich schaffen wir durch gewissenhaftes Training ein inneres Kräftebündnis, so dass unser Körper, wenn wir ein gesundes Ziel haben, dieses auch ohne Widerstand durchzieht. Wenn das geschieht, erleben wir eine unglaubliche Klarheit und wir wissen, dass wir eine vertrauensvolle Allianz mit unserem Körper aufgebaut haben. Unser Körper wird dann unseren klugen Zielen folgen, auch wenn sich der Weg unbequem anfühlt.

Noch einmal: Mache dir nicht im Geringsten Sorgen, wenn du lange brauchst, um an den Punkt zu gelangen, an dem du eine einfache kalte Dusche ohne Widerstand nehmen kannst. Erkenne, dass jeder der Mikroschritte, die du auf dem Weg unternommen hast, deinen Körper herausgefordert, deinen Vagusnerv stimuliert, die Muskeln in deinen Gefäß- und Arterienwänden stärkt und gesündere Zellen mit höherer Mitochondrienzahl aufbaut, während du gleichzeitig dein Gehirn für ein größeres Bewusstsein umgestaltet hast.

Selbst bei einem schrittweisen Protokoll können manche Personen so viel Widerstand erfahren, dass sie nicht einmal die Senkmethode an einem bestimmten Tag durchführen können. Für diese Personen gibt es einen noch graduelleren Ansatz, den ich gesunden Erwachsenen im Allgemeinen nicht empfehle. Diese Methode besteht darin, mit der Absicht unter die Dusche zu gehen, zunächst lauwarmes Wasser zu verwenden und es langsam in Richtung kalt zu drehen, während du dich körperlich und geistig akklimatisierst. Mit der Zeit wirst du in der Lage sein, allmählich kältere Duschen anzuwenden.

Wenn du keine widerstrebenden, mentalen Narrative hast, dein Körper sich aber unruhig oder widerwillig gegenüber der kalten Dusche fühlt, kannst du es in Schritten angehen, so wie du es mit dem narrativen Widerstand getan hast. Anzeichen von Unentschlossenheit lassen sich an der Körpersprache durch Anzeichen von Vermeidung erkennen. Vielleicht bemerkst du, dass dein Körper sich der Dusche einfach nicht stellen will und dieses Gefühl kann schon beim Aufwachen am Morgen vorhanden sein. Vielleicht empfindet dein Geist ein gewisses Grauen oder eine Angst, die dann einen Vermeidungswunsch hervorruft, wie z.B. den Wunsch, wieder einzuschlafen oder vielleicht den Wunsch, deine Morgenroutine zu ändern, um die Dusche zu verschieben. Anstatt als erstes ins Bad zu gehen, gehst du zum Beispiel in die Küche, um dir eine Tasse Tee oder Kaffee zuzubereiten. Dies sind alles Vermeidungsstrategien, die dazu dienen, etwas aufzuschieben, von dem du weißt, dass es hilfreich, aber unangenehm ist.

Wenn du Gefühle von Vermeidung oder Sprunghaftigkeit bemerkst, egal wie klein die Symptome auch sind, hast du zwei, produktive Möglichkeiten.

Erstens, nimm das Gefühl einfach einen Moment lang wahr, um seine Präsenz kennenzulernen, defokussiere dann deinen Geist und meditiere dich zu ruhigem Gewahrsein. Um dieses ruhige Gewahrsein zu erreichen, kannst du die vagale Atmung verwenden, wie sie in Kapitel 2 gelehrt wird. Sobald du ruhig und im Bewusstsein zentriert bist, nimm Kontakt mit der Energie oder Kraft in dir auf, die bedingungslose Liebe empfindet und möchte, dass du stärker, gesünder und bewusster wirst. Diese Kraft unterscheidet sich deutlich von der Kraft, die in erster Linie Vergnügen und Komfort sucht.

Sobald du in Kontakt mit der wohlwollenden Kraft in deinem Inneren bist, frage dich, ob es für dich besser ist, eine kalte Dusche zu nehmen, als nicht zu duschen. Wenn du das Wohlwollen angezapft hast, das darauf abzielt, dein volles Potenzial als Mensch zu erfüllen, wirst du wissen, ob du unbewusst versuchst, dem Unbehagen zu entkommen oder ob es einen triftigen Grund gibt, die Dusche an diesem Tag auszulassen oder zu verschieben.

An manchen Tagen wirst du dich unfähig fühlen, mit der Energie, die dich liebt, in Kontakt zu kommen. Selbst wenn du diese bewusste Verbindung herstellen kannst, wird das Gefühl des Widerwillens manchmal nicht gelindert. Tatsächlich ist mir das genau an dem Morgen passiert, an dem ich diesen Satz geschrieben habe. Ich wachte auf und fühlte mich körperlich nicht sehr gut. Mein Körper fühlte sich schwach an, sogar empfindlich.

Ich meditierte, um Klarheit zu erlangen, spürte aber immer noch den Widerwillen. Ich wusste, dass ich bei Bedarf in einen eisigen Fluss waten könnte und mir immer noch bewusst wäre, aber in Anbetracht der Tatsache, dass keine Notwendigkeit bestand, fühlte sich das Überspringen der Dusche meiner körperlichen Gesundheit zuliebe am angemessensten an.

Ich unterrichte täglich jeden Morgen online für 15 Minuten geführte TEM-Meditationen für Tausende von Menschen. Die Klasse rückte schnell näher, also beschloss ich, die Dusche zu verschieben und zu sehen, wie sich der Körper nach der Sitzung anfühlte.

Nachdem die Sitzung vorbei war, saß ich in einem meditativen Zustand da und fühlte immer noch den Widerwillen. Mir wurde klar, dass ich einen noch sanfteren Ansatz finden musste, wenn mein Körper an diesem Tag unter die kalte Dusche gehen sollte. Meine allgemeine Regel ist es, meinen Körper nicht zu zwingen, Dinge zu tun, besonders wenn er sich nicht gesund fühlt. Dies zu tun, würde das Vertrauen missbrauchen und könnte schließlich

Unerschütterliche Bewusstheit

zu mehr körperlichem Widerstand in anderen Bereichen meines Lebens führen. Vertrauen sollte nicht missbraucht werden.

Ich habe verschiedene schrittweise Ansätze durchgespielt, um zu sehen, wie sich mein Körper jeweils anfühlt. Ansatz von unten nach oben - nein. Senk-Methode - nein. Allmählich warm zu kalt - nein.

Ich hatte noch nie einen Ansatz gebraucht, der allmählicher war als die oben genannten Optionen. Heute brauchte mein Körper ganz klar etwas Sanfteres.

Einen Moment später kam mir das Bild in den Sinn, die Badewanne mit warmem Wasser zu füllen und dann die Dusche mit warmem Wasser zu starten, das nach und nach auf kalt umgestellt wird. Der Widerstand verschwand.

Egal, wie lange du geübt hast und egal, wie gesund dein Körper und dein Geist im Allgemeinen sind, es kann immer noch Tage geben, an denen sich der Körper nicht gesund genug fühlt, um sich der Kälte zu stellen. Ihn an diesen Tagen dazu zu zwingen, könnte für ein bereits gestresstes Immunsystem zu viel sein, was zu einer nachfolgenden Krankheit führen könnte.

Anstatt an solchen Tagen zu drängen, versuche, die verschiedenen schrittweisen Ansätze zu kombinieren, um zu sehen, womit dein Körper einverstanden ist. In meinem Fall zum Beispiel, als mir der richtige Ansatz in den Sinn kam, ließ mein Körper den Widerwillen los und ging leicht in die Dusche und genoss sie. Nachdem die Dusche beendet war, fühlte sich mein Körper viel besser. Ein Tag, an dem Lethargie wahrscheinlich zu wenig oder gar keiner Produktivität führen würde, verwandelte sich in einen höchst produktiven Tag des Schreibens. Sei kreativ und verhandle, um herauszufinden, was dein Körper tun will, wenn die normalen Optionen zu viel Widerstand hervorrufen. Wenn du das tust, wirst du wahrscheinlich einen Weg nach vorne finden.

Kapitel 14

Die Kraft des einen Atems

Das Dojo meines Lehrers in Japan heißt Ikkokukan, was ins Englische übersetzt „die Schule des einen Atems" bedeutet. Als ich dort zu trainieren begann, dachte ich mir nichts bei dem Namen, denn ich war nur an technischem Training interessiert. Nachdem ich durch das Training gereift war, fragte ich meinen Lehrer nach dem Namen.

Wie sich herausstellt, hatte er viele tiefgreifende Gründe für seine Wahl von Ikkokukan. Einer davon ist der Schlüssel zu der Art von Training, die wir in diesem Buch kennenlernen. Ich möchte diese Bedeutung hier mit dir teilen.

Er wählte den Namen Ikkokukan, weil er ihn daran erinnerte, dass das Leben nicht in der Vergangenheit oder in der Zukunft liegt, sondern in dem einen geborgten Atemzug, den wir in diesem Moment erleben. Unser physisches Leben endet mit dem letzten Ausatmen. Er fühlte, dass der Name die Essenz der Kampfkünste repräsentiert, die sich durch ein lebendiges, gegenwärtiges Bewusstsein offenbart.

Seine Worte erinnerten mich an die Lehre des Bushido, des Kodex des Kriegers, bezüglich des Treffens von Entscheidungen. Der Grundgedanke ist, dass man, wenn man ein Ziel setzt oder eine Entscheidung trifft, sofort etwas

Positives tun muss, um es in der Welt zu verwirklichen. Der Abstand zwischen einer Entscheidung und einer Handlung sollte nicht mehr als einen Atemzug betragen. Wenn eine Person die Handlung über die Zeit hinaus aufschiebt, die für einen einzigen Atemzug benötigt wird, bedeutet dies in der Regel, dass keine produktiven Maßnahmen ergriffen werden.

Ich begann, über meine Geschichte der Zielsetzung nachzudenken und mir wurde klar, dass ich die Ziele, die ich mir gesetzt hatte, in der Regel erreicht hatte, also dachte ich, dass ich etwas richtig gemacht haben musste. Ich befolgte unwissentlich das Prinzip des einen Atems in meinem täglichen Leben, indem ich konsequent sofortige Maßnahmen für meine Entscheidungen ergriff, normalerweise in Form von Aufzeichnungen in einem Notizbuch, das ich immer bei mir trug.

Was dann passierte, war Folgendes: Eine Inspiration entstand in mir, oft während meines geschäftigen Arbeitstages. Weil ich besorgt war, dass ich die Inspiration am Ende des Tages nicht mehr abrufen könnte, begann ich, ein Notizbuch und einen Stift mit mir zu tragen, wo immer ich hinging.

Meistens machte ich mir Notizen zu meiner Kampfkunstpraxis und den Experimenten, die ich im Rahmen meiner Kampfkunststudien durchführen wollte. Wann immer eine Idee kam, würde ich, wenn möglich, sofort unterbrechen, was ich gerade tat und ein oder zwei Worte aufschreiben, die mich später daran erinnern würden, wenn ich mein Notizbuch überprüfte. Später, meist im Zug, schrieb ich, wenn es nötig war, noch mehr Details auf, damit ich beim nächsten Mal, wenn ich die Stelle las, wusste, was ich gemeint hatte.

Hin und wieder blickte ich auf meine alten Notizbücher zurück und sah die Ziele, die dort niedergeschrieben waren und war erstaunt, wie viel Fortschritt ich gemacht hatte. Es war mir nicht in den Sinn gekommen, dass das Aufschreiben von nur ein paar Worten dazu beitragen könnte, das Ziel in die Welt zu setzen, aber im Nachhinein habe ich das Gefühl, dass die stenografischen Notizen genau das taten. Das Aufschreiben der Inspiration, die aus dem Unterbewusstsein kam, schien meinen bewussten Verstand mit dem Unterbewusstsein in Einklang zu bringen und den gesamten Körper für die Umsetzung vorzubereiten.

Wenn du dich nicht in der Lage fühlst, sofort etwas aufzuschreiben, denke daran, dass der Schlüssel zum Ein-Atem-Prinzip darin besteht, dass du eine positive Handlung in Richtung der Entscheidung vornimmst, sobald die Entscheidung getroffen ist.

Als ich zum Beispiel Lehrer an einer Mittelschule war, habe ich oft eine Klasse unterrichtet, während mir etwas einfiel. Wenn es in diesem Moment nicht möglich war, meine Gedanken aufzuschreiben, zog ich einfach mein Notizbuch heraus und hielt es in der Hand oder legte es auf das Lehrerpult als Nachricht an mich selbst, bei der nächsten Gelegenheit zu schreiben. Das bloße Herausziehen des Notizbuchs reichte aus, um sicherzustellen, dass das Schreiben stattfinden würde und das würde später ein vollständiges Durcharbeiten gewährleisten.

Natürlich gibt es Menschen, die eine große Abneigung gegen das Schreiben haben. Wenn das auf dich zutrifft, nimm deine Gedanken mit deinem Smartphone oder einem Audiorekorder auf. Der wichtigste Punkt ist, ohne Verzögerung zu handeln. Sofortiges Handeln wird die Gewohnheit der Prokrastination schnell schwächen und dich zu einem engagierteren Leben führen.

Du fragst dich vielleicht, wie die Ein-Atem-Theorie mit der Art von Training, die du in diesem Buch findest, funktioniert. Wie du vielleicht aus deinem Training mit täglichen kalten Duschen erfahren hast, wird dein Verstand alle möglichen Spiele spielen, um die Zeit zwischen dem Gedanken an die Dusche und dem Tun zu verlängern. Wenn du dein Leben beobachtest, wirst du feststellen, dass dieselben Verzögerungstaktiken ins Spiel kommen, wenn du in Erwägung ziehst, etwas Nützliches zu tun, das deine Komfortzone stark herausfordert.

Da diese gesunden Herausforderungen potenziell lebensverändernd sind, ist die Fähigkeit, sich ein Ziel zu setzen und ohne Verzögerung darauf zuzugehen, entscheidend für die potenzielle Transformation. Wenn du wiederholt innere Türen mit diesem magischen Schlüssel aufschließt, baut sich eine psychologische Dynamik auf, die es immer leichter macht, danach größere und noch vorteilhaftere Maßnahmen zu ergreifen.

Sagen wir zum Beispiel, dass du eine bestimmte Person um ein Date bitten willst, aber du bist extrem nervös. Wenn du weiter darüber nachdenkst, wird die Angst noch größer. Besser wäre es, die Person sofort mit Ehrlichkeit anzusprechen und etwas zu sagen wie: „Mit dir zu sprechen macht mich nervös, aber ich möchte dich gerne besser kennen lernen. Hast du Lust, nach der Arbeit eine Tasse Tee mit mir zu trinken?"

Sofern die Person nicht extrem unsympathisch oder narzisstisch ist, wird sie zumindest deine Ehrlichkeit respektieren, denn wir alle wissen, wie unangenehm es sein kann, jemanden um ein Date zu bitten. Nackte Ehrlichkeit ist erfrischend und wird die meisten Menschen beruhigen.

Wenn du bei einer Verabredung bist und merkst, dass du nicht weißt, was du sagen sollst, könntest du alternativ einfach sagen: „Ich weiß nicht, was ich sagen soll, aber ich würde dich gerne besser kennenlernen. Ich frage mich, ob du dich schon einmal so gefühlt hast?" Jeder hat sich irgendwann in seinem Leben schon einmal so gefühlt. Indem du deine Gefühle ehrlich zeigst, hast du Mut bewiesen und gleichzeitig die perfekte Gelegenheit für die Person geschaffen, sich über eine Zeit zu öffnen, in der sie sich genauso unbehaglich fühlte wie du. Wie von Zauberhand lernen ihr euch gegenseitig kennen.

Alles, was du hast, ist ein Atemzug. In Wahrheit hast du nicht einmal so viel, denn dein Atem ist geliehen. Wenn du etwas Nützliches im Leben tun willst, musst du mit diesem einen, geliehenen Atemzug handeln. Länger als einen Atemzug zu warten, bedeutet, das Leben zu verpassen.

Teil V

Meditationsausbildung

Da es unser Ziel ist, uns in unserem täglichen Leben zu immer größerem Gewahrsein zu bewegen, ist es wichtig, dass wir eine Form der Meditation erlernen, die sich gut mit unseren täglichen Aktivitäten vereinbaren lässt und die dem Druck unseres Trainings standhält. Letztlich ist es unser Ziel, die Prinzipien der Meditation zu verkörpern, deren Ergebnis unerschütterliche Bewusstheit ist.

Es ist leicht anzunehmen, dass die Herausforderungen der Meditation und des Gewahrseins lediglich mentaler und emotionaler Natur sind, aber wenn wir beginnen, unsere meditativen Fähigkeiten unter Druck zu testen, entdecken wir schnell, dass die mentalen und emotionalen Engpässe nur einen kleinen Teil der eigentlichen Herausforderung darstellen. Tatsache ist, dass ein erheblicher Teil unserer Herausforderungen auf dem meditativen Weg mit unserer körperlichen Gesundheit zu tun hat, insbesondere mit dem sympathischen Nervensystem. Um meditatives Gewahrsein zu verkörpern, müssen wir die körperlichen Engpässe verstehen, die den Sympathikus dazu bringen können, in den Kampf-oder-Flucht-Modus zu wechseln. Wenn der Sympathikus das Sagen hat, ist meditatives Gewahrsein am weitesten von unserer Erfahrung entfernt.

Da sich die traditionelle Meditation darauf konzentriert, eine ideale Meditationssituation zu schaffen, fordern diese Methoden selten, wenn überhaupt, unsere körperlichen Engpässe heraus. Um etwas zu meistern, müssen wir uns bewusst unwohl fühlen und versuchen, uns über die Grenzen unserer derzeitigen Kapazität hinaus auszudehnen. Um die Kapazitäten des physischen Körpers zu entwickeln, müssen wir uns während der Meditation physischen Herausforderungen stellen.

Natürlich ist es bei den ersten paar Malen, die wir meditieren, sinnvoll, die Herausforderung ziemlich einzuschränken, denn einfach nur zu sitzen und nichts zu tun, während wir wach sind, ist herausfordernd genug. Dennoch müssen wir innerhalb weniger Sitzungen, nachdem wir mit der Meditation begonnen haben, damit beginnen, die Herausforderung zu erhöhen. Wenn wir das nicht tun, dann verfehlen wir den Sinn der Praxis.

Wenn wir unsere Fähigkeiten nicht progressiv herausfordern, verringern sich unsere Chancen, meditatives Gewahrsein zu verkörpern, weil begrenzende Überzeugungen uns in sitzender Meditation gefangen halten können. Solange wir davon ausgehen, dass wir uns in der Meditation zum Beispiel nicht bewegen oder sprechen können, können wir dieser einschränkenden Überzeugung niemals entkommen. Übermäßige Bequemlichkeit macht uns in jeder Hinsicht schwach und so sind wir gut beraten, unsere Fähigkeit zur Meditation in unbequemen Situationen zu hinterfragen. In Teil V werden wir unser Gewahrsein herausfordern, indem wir uns bemühen, durch Unbehagen meditativ gewahr zu bleiben, indem wir verschiedene Aktivitäten und Spiele verwenden, die uns helfen, Gewahrsein in unserem aktiven, täglichen Leben zu verkörpern.

Kapitel 15

Grundlegende TEM-Meditation

Nachdem du einige Wochen bis einen Monat lang mit täglichen kalten Duschen trainiert hast, wirst du wahrscheinlich feststellen, dass du alle Primärlaute A, I, U, E, O, M und N ohne große Schwierigkeiten machen kannst. Möglicherweise hast du noch einige, kleinere Lungenkontraktionen, aber mehr oder weniger kannst du alle Laute vernünftig erzeugen.

Sobald du diesen Punkt erreicht hast, ist es an der Zeit, mit einer kraftvollen, meditativen Praxis zu beginnen, die sich in unser aktives tägliches Leben einfügen kann. Bevor wir jedoch dazu kommen, benötigen wir ein grundlegendes Verständnis davon, was Meditation ist und wie sie sich von deinem gewohnten Geisteszustand unterscheidet.

Das Gehirn sendet mehrere verschiedene Gehirnwellen aus, welche die Zustände des Nervensystems darstellen. Die Zustände, die wir am häufigsten erleben, sind Beta, Alpha, Theta und Delta. Zwei dieser Zustände treten hauptsächlich im Schlaf auf, nämlich Theta und Delta. Ein Zustand, Gamma, wird meist bei fortgeschrittenen Meditierenden gemessen.

Während unseres täglichen Lebens nimmt das Gehirn typischerweise zwei primäre Hirnwellenzustände ein. Welcher Zustand in einem bestimmten Moment erlebt wird, hängt von der psychischen Verfassung der

Unerschütterliche Bewusstheit

Person und der Aktivität ab, an der das Individuum teilnimmt. Zu Erklärungszwecken werde ich zuerst den fokussiertesten Zustand erklären, weil er es ist, den die Menschen in der modernen Welt am meisten während des Tages erleben. Sobald wir diesen fokussierten Zustand verstanden haben, werden wir ihn als Grundlage verwenden, um die anderen Zustände zu erklären.

Wenn du jemals eine Katze beim Anpirschen an eine Maus beobachtet hast, ist dir vielleicht aufgefallen, dass der gesamte Körper der Katze auf ihr Ziel ausgerichtet ist. Während dieser Zeit konzentriert sich die Aufmerksamkeit der Katze ausschließlich auf das Ziel. Anders als wir vielleicht annehmen, ist die Katze während der Pirsch, wie alle Raubtiere, am verwundbarsten. Während des Anpirschens sind Raubtiere so sehr mit ihrer Aktivität beschäftigt, dass sie alles andere, was um sie herum geschieht, fast völlig ausblenden. Wenn du wartest, bis sich die Katze wirklich auf die Pirsch begibt, kannst du, solange du leise bist, tatsächlich direkt auf sie zugehen und sie berühren, bevor sie sich deiner Anwesenheit bewusst wird. Ich warne dich aber: Die Katze wird nicht sehr glücklich darüber sein, dass du das tust.

Wenn du auf dein eigenes Leben achtest, dann bist du wahrscheinlich auch frustriert oder verärgert, wenn sich dir etwas oder jemand in den Weg stellt, während du auf ein Ziel hinarbeitest. Die Frustration bricht aus, weil sich dein Verstand fokussiert hat und alles andere ausschließt, als wärst du ein Raubtier auf der Pirsch nach Beute. In solchen Momenten wird alles oder jeder, der uns unterbricht, sofort als Hindernis interpretiert. Wenn wir den anfänglichen Gefühlsausbruch zulassen, könnten wir etwas Unangemessenes sagen oder tun.

Der Gehirnwellenzustand des Anpirschens wird durch die fokussierte Betawelle repräsentiert. Der moderne Mensch ist sich im Großen und Ganzen nicht bewusst, dass er sich im Modus des Anpirschens befindet, aber wir sind sehr vertraut damit, wie es sich anfühlt, wenn wir unsere Aufmerksamkeit unter Ausschluss von allem anderen auf eine bestimmte Aufgabe richten.

Die Beta-Welle hilft uns, uns zu konzentrieren, aber es ist kein gesunder Zustand, in dem wir uns lange aufhalten sollten. Es sollte sicherlich nicht der Standardmodus sein, in dem wir unser Leben leben. Aufgrund unseres hektischen Lebensstils ist Beta jedoch zum Standard-Gehirnwellenzustand unseres Tages geworden, weil uns von frühester Kindheit an beigebracht wird, immer aufmerksam zu sein und uns über lange Zeiträume zu konzentrieren, indem wir alles andere ausschließen.

Wird die Beta-Welle zu lange aufrechterhalten, führt dies zu Angstzuständen und der Kampf-oder-Flucht-Reaktion, die ebenfalls mit einer Beta-Gehirnwelle verbunden ist. Wenn die Kampf-oder-Flucht-Reaktion einsetzt, bedeutet das, dass dein Körper eine Art von Angst erlebt, die ein Beutetier, wie eine Maus, wahrscheinlich erlebt, wenn es den Geruch einer Katze in der Luft wahrnimmt. Obwohl die Angst, die wir empfinden, nicht so intensiv und akut ist wie die einer Maus, die eine Katze riecht, ist sie dennoch anstrengend für den Körper und das Gehirn.

Wenn wir Angst und Stress empfinden, befindet sich unser Nervensystem im Beutemodus, einem hohen Betawellen-Zustand, der ein höchst ungesunder Zustand ist, wenn er über längere Zeit aufrechterhalten wird. Heutzutage lebt ein großer Prozentsatz der Menschen in einem nahezu konstanten oder chronischen Angstzustand, der mit der Zeit zu entzündlichen Schmerzen, Krankheit und Depression führen kann.

Der Mensch hat sich wie andere jagende Tiere unter dem Druck von Raubtieren entwickelt, daher haben wir das Potenzial, sowohl den Raubtier- als auch den Beutemodus zu erleben. Wir erleben den Beta-Wellen-Räuber-Modus durch die intensiven, aufgabenorientierten Aktivitäten unseres Tages, auch wenn wir vielleicht noch nie in unserem Leben ein Tier gejagt haben. Ironischerweise gehen wir auch in den Beutemodus über, der ebenfalls ein Betawellen-Zustand ist, wenn unser aufgabenorientierter Fokus zu lange anhält, was Stress verursacht oder wenn eine Deadline sich an uns heranzupirschen scheint. So viele von uns in der modernen Welt springen im Laufe unseres täglichen Lebens immer wieder vom Raubtier- in den Beutemodus. Das ist anstrengend.

Wenn wir ein ausgeglichenes Leben führen, erlauben wir es uns, eine Zeit lang innezuhalten und uns auszuruhen, wenn unser Gehirn müde wird. Wenn das passiert, schaltet die Gehirnwelle von Beta auf Alpha um, und der Körper schaltet in den parasympathischen „Ruhe-und-Verdauungs"-Modus des Nervensystems. Während des Ruhe- und Verdauungsmodus spart der Körper Energie und erholt sich. Nach einer gewissen Erholung können wir uns eine Zeit lang wieder auf Aufgaben konzentrieren.

Menschen, die ein gesundes Leben führen, gelangen nur selten in den angstauslösenden Beutemodus. Wenn sie doch in den Beutemodus eintretendann meist aus einem sehr zwingenden Grund und nicht für lange Zeit. Wenn unser Leben aus dem Gleichgewicht gerät, kann sich die Kampf-oder-Flucht-Angst in jedem Moment einschleichen, uns defensiv machen und zu Rückzug oder Aggressivität aus scheinbar unbedeutenden Gründen führen.

Die drei Zustände, Konzentration, Ruhe und Angst, werden von den meisten Menschen an jedem Tag ihres Lebens erlebt, zumindest bis zu einem gewissen Grad. Für die meisten von uns sind diese drei Zustände alles, was wir kennen. Es gibt noch einen weiteren Zustand, auf den wir zugreifen können, den aber nur wenige Menschen jemals erleben, nämlich das, was ich bewusstes Alpha nenne.

Meditatives Gewahrsein ermöglicht den Zugang zu einem bewussten Alphawellen-Zustand. Mit ein wenig Übung mit der Total Embodiment Methode können wir lernen, während der Aktivität meditativ bewusst zu sein, was eines der Geheimnisse der Samurai-Meister darstellt. Eine der einfachsten Möglichkeiten, während Aktivitäten auf bewusste Alphawellen zuzugreifen, liegt darin, wie wir unsere Augen und unsere Aufmerksamkeit einsetzen.

Stell dir vor, du befindest dich auf dem Schlachtfeld und bist von Gegnern umgeben, die dich töten wollen. Wenn du deine Augen und deine Aufmerksamkeit wie ein Raubtier fokussierst, wirst du wahrscheinlich von den Gegnern, die an deiner Seite oder hinter dir stehen, getötet. Wenn du dich in den defensiven Beute-Modus begibst, wirst du von Angst erfüllt sein und leicht erlegt werden. Um zu überleben, musst du einen anderen Weg finden, einen, der weder Raubtier noch Beute ist. Du wirst dich vielleicht nie auf dem Schlachtfeld wiederfinden, umgeben von Gegnern, aber du erlebst täglich den Konflikt des Geistes.

Die manische Natur des Verstandes ärgert sich darüber, dass man nicht beachtet wird, dass man zu viel beachtet wird, dass man keinen Job hat, dass man einen Job hat, dass man nicht genug Geld hat, dass man zu viel Geld hat, dass man Single ist, dass man verheiratet ist, dass man Ärger mit den Kindern hat, dass man bedauert, keine Kinder zu haben, dass man in der Zukunft ist, dass man in der Vergangenheit ist und so weiter. Die Liste geht weiter und weiter. Ähnlich wie auf dem Schlachtfeld, egal in welche Richtung wir uns drehen, gibt es etwas, das uns angreift und uns in einem Zustand der Unruhe hält.

Die einzige hilfreiche Reaktion auf diese Ängste besteht darin, dein Gehirn in einen Zustand zu versetzen, in dem es nicht durch nutzlose Sorgen gestört wird, sondern konstruktive Maßnahmen ergreift, wo sie hilfreich sind. Du kannst deine Mitarbeiter nicht zwingen, sich zu benehmen oder ihre Arbeit besser zu machen. Du kannst auch nicht das Verhalten deines Chefs ändern, aber wenn du dich in einen bewussten Alphawellen-Zustand versetzen kannst, kannst du entscheidende Maßnahmen ergreifen, wenn der richtige Moment gekommen ist.

Visuelle Bewusstseins-Meditation

Wir können diese Meditation zunächst in einem ruhigen Raum üben, wo wir nicht gestört werden. Sobald wir ein grundlegendes Gefühl dafür bekommen haben, was nicht mehr als ein oder zwei Sitzungen dauern sollte, können wir die Praxis auf andere Umgebungen ausweiten.

Stelle einen Timer auf 15 Minuten, damit du während der Meditationspraxis nicht an die Zeit denken musst. Zur Erklärung nehmen wir an, dass du diese Meditation in deinem Schlafzimmer praktizierst.

Setze dich, ohne eine besondere Haltung einzunehmen, bequem mit offenen Augen hin. Defokussiere deinen Geist und schaue geradeaus mit dem Ziel, das gesamte Gesichtsfeld zu betrachten.

Um sicher zu sein, dass du das gesamte Gesichtsfeld siehst, ohne die Augen zu bewegen, mache eine gedankliche Notiz von dem Ort auf der rechten Seite, z. B. einem Objekt oder einem Punkt an der Wand, der den äußeren Rand deines Gesichtsfeldes markiert. Wenn du diesen Gegenstand oder Ort notiert hast, mache dasselbe mit der linken Seite und notiere, was du gerade noch sehen kannst, während du geradeaus schaust. Notiere schließlich den höchsten und den tiefsten Punkt.

Die allgemeine Form unseres Gesichtsfeldes ist binokular. Bei einer durchschnittlichen Person beträgt der Bereich des horizontalen Feldes etwa 180 Grad, während der vertikale Bereich etwa 90 Grad beträgt. Menschen mit Gehirn- oder Augenschäden sehen möglicherweise weniger. Wenn du weniger siehst und dir nicht bewusst war, dass du ein gesundheitliches Problem haben könntest, das mit deinen Augen oder deinem Gehirn zusammenhängt, ist es ratsam, deinen Arzt zu konsultieren. Für die Zwecke unserer Meditation ist es jedoch nur wichtig, zu bemerken, wo deine persönlichen, visuellen Grenzen liegen und sich dann des gesamten Feldes, das du sehen kannst, bewusst zu sein.

Diese vier gedanklichen Markierungen dienen dazu, dich daran zu erinnern, dass du dir des Großen und Ganzen bewusst bist, ohne zur gewohnten fokussierten Sicht zurückzukehren. Wir werden auch den Geist defokussiert halten. Wir wollen den Geist von dem Versuch ablenken, Objekte innerhalb des Gesichtsfeldes zu identifizieren.

Die Gewohnheit des Identifizierens kann bei Anfängern sehr stark sein, wobei der Verstand alles benennt, was deine Aufmerksamkeit erregt – „Fernseher", „Uhr", „abgeplatzte Farbe" usw. Jedes Mal, wenn dein Geist eine Identifikation vornimmt, entspanne dich ein wenig mehr und kehre zur vollständigen visuellen Wahrnehmung zurück. Wenn du über einen Zeitraum von mehreren Wochen auf diese Weise übst, lässt der Geist schnell die Tendenz los, sich zu fokussieren und zu identifizieren, zumindest während du meditierst.

Wenn du dir des gesamten Gesichtsfeldes bewusst bleibst und dich entspannen kannst, wird dein Gehirn bald eine bewusste Alphawelle aussenden, die anzeigt, dass du dich in einem Zustand der Meditation befindest. Wenn du dich im bewussten Alpha-Zustand befindest, sparen dein Körper und dein Gehirn Energie und erholen sich von dem Stress, den der gewohnheitsmäßige, aufgabenorientierte, angstauslösende Beta-Wellen-Zustand verursacht hat.

Das Ziel deiner anfänglichen Übung ist es, 15 Minuten lang in einem entspannten Gewahrsein des gesamten Gesichtsfeldes zu bleiben. Wenn du bemerkst, dass dein Geist immer wieder versucht, sich zu fokussieren oder wenn er abschweift, entspanne dich einfach und kehre zur Aufmerksamkeit auf den Inhalt des gesamten Gesichtsfeldes zurück. Achte jedoch darauf, die Augen nicht zu wölben, denn das führt wahrscheinlich zu Nacken- und Schulterverspannungen und möglicherweise zu Kopfschmerzen. Entspanne neben den Augen auch die Lippen, den Kiefer, den Nacken, die Schultern, die Hände und deine Atmung.

Du wirst vielleicht überrascht sein zu entdecken, dass das gesamte, visuelle Feld, das du jetzt siehst, das Feld ist, das deine Augen jederzeit aufnehmen, aber das dein Gehirn selektiv aus deinem zugänglichen Speicher blockt. Normalerweise beschränkt sich deine visuelle Wahrnehmung in erster Linie auf das, was dein Gehirn interessant findet.

Nach 15 Minuten sitzender, visueller Bewusstseinsmeditation ist es an der Zeit, sich selbst ein wenig herauszufordern. Du kannst zunächst versuchen, dich mit defokussierten Augen umzusehen. Dann könntest du versuchen, einen Arm oder ein Bein zu bewegen. Wenn du in der Lage bist, die periphere Wahrnehmung beizubehalten, versuche aufzustehen und dich wieder hinzusetzen. Versuche, herumzulaufen. Halte bei all diesen Aktivitäten den Geist und die Augen defokussiert.

Schon bald wirst du feststellen, dass du im meditativen Zustand bleibst und dich frei bewegen kannst. In den ersten Übungssitzungen wirst du wahrscheinlich ein wenig unbeholfen aussehen und dich auch so fühlen. Vielleicht repräsentierst du die Zombie-Apokalypse, die so viele Menschen am Ende der Tage fürchten! Scherz beiseite, mit etwas Übung wirst du bald in der Lage sein, dich normal zu bewegen, während du dir peripher bewusst bist.

Da wir eine visuelle Meditation praktizieren, die vom peripheren Sehen abhängt, sollten wir die Unterschiede zwischen fovealem (fokussiertem) und peripherem (defokussiertem) Sehen beachten. Du wirst feststellen, dass das foveale Sehen ein hochauflösendes, farbenreiches Sehen ist, während das periphere Sehen eine viel geringere Auflösung und Farbmängel aufweist.

Am wichtigsten ist, dass du dir des Gefühls bewusst wirst, welches das foveale Sehen im Vergleich zum peripheren Sehen im Körper erzeugt. Foveales Sehen erzeugt körperliche Anspannung, während peripheres Sehen den Körper entspannt. Wenn du diese Veränderung gespürt hast, bedeutet das, dass du den Unterschied zwischen Beta- und Alpha-Gehirnwellen wahrgenommen hast.

Die Vorteile des fokussierten Sehens sind, dass du mehr Farben und Details sehen kannst als beim peripheren Sehen. Der Nachteil des fovealen Sehens, abgesehen von der Spannung, die es erzeugt, ist, dass es unempfindlich gegenüber Bewegungen ist und zu einem fast vollständigen Fehlen des Bewusstseins für das führt, was direkt außerhalb der Fokuslinie geschieht.

Um ein eindrückliches Erlebnis zu bekommen, wie foveales Sehen funktioniert, gib „Test of Selective Attention" in deinen Webbrowser ein und genieße das gleichnamige Video. Spoiler-Alarm: Wenn du über diesen Punkt hinaus liest, ohne das Video anzusehen, wird das Videoerlebnis beeinträchtigt. Ich hoffe, dieses Video hat dir gefallen. Wenn du es beim ersten Mal nicht richtig mitbekommen hast, sei nicht beunruhigt, denn der großen Mehrheit der Menschen geht es so. Auf jeden Fall spiegelt das Experiment wider, wie blind das Gehirn für Informationen in der unmittelbaren Umgebung ist, wenn wir das foveale Sehen verwenden.

Ein weiteres Beispiel für die Blindheit des fovealen Sehens tritt auf, wenn du liest. Achte beim Lesen darauf, dass du fast nichts von dem wahrnimmst, was jenseits der Seite geschieht, es sei denn, du bemühst dich, zu sehen, was jenseits des Textes geschieht. Du könntest auch feststellen, dass du nicht lesen kannst, wenn du dich bemühst, dein Bewusstsein über die Seite hinaus zu erweitern. Oder wenn du die Wörter tatsächlich aussprechen kannst, viel weniger in der Lage bist, den tatsächlichen Inhalt zu verstehen und ihn dir zu merken. Mit etwas Übung wirst du schließlich in der Lage sein, zu lesen, vollständig zu verstehen und den gesamten Raum auf natürliche Weise wahrzunehmen.

Obwohl das periphere Sehen farb- und detailarm ist, führt es zu einer Wahrnehmung unserer Umgebung und ist viel empfindlicher für Bewegungen und Schattierungen als das farbreiche foveale Sehen. Diese Vorteile spiegeln die Hemisphäre des Gehirns wider, durch die sie verarbeitet werden. Bei den meisten Rechtshändern wird das fokussierte Sehen von der linken Hemisphäre verarbeitet, die sich in erster Linie der Identität und dem Denken widmet, während das periphere Sehen in der rechten Hemisphäre verarbeitet wird, die sich in erster Linie dem Fühlen, der Emotion und der Wahrnehmung widmet. Bei Linkshändern sind die Hemisphären vertauscht.

Um auf die Meditation zurückzukommen, ist es wichtig, sich daran zu erinnern, dass Beharrlichkeit wesentlich für die Verbesserung der Lebensqualität ist. Mit einer aktiven täglichen Meditationspraxis wirst du feststellen, dass die Reize, die dich früher leicht aus dem bewussten Alphazustand herausgezogen haben, ihre Wirkung auf dich verloren haben. Noch andere Herausforderungen werden ihre ablenkende Anziehungskraft für dich verloren haben. Dies sind großartige Zeichen des Fortschritts.

Meditieren unter Druck

Hinweis: Stelle zur Sicherheit immer einen Timer für zehn Minuten ein, um dich daran zu erinnern, den Raum zu verlassen, bevor eine Unterkühlung eintritt.

Innerhalb weniger Tage nach dem Üben von bewusstem Alpha durch die visuelle Bewusstseinsmeditation kannst du damit beginnen, deine meditativen Fähigkeiten unter der kalten Dusche herauszufordern. Bringe dich dazu vor dem Betreten des Badezimmers durch die visuelle Bewusstseinsmeditation in einen meditativen Zustand.

Behalte dein defokussiertes Sehen und Denken bei, während du dich bewegst und deine Kleidung ablegst. Entspanne den Körper und den Geist tief, ohne an die Dusche zu denken. Wenn du kannst, dann steige in die Dusche, ohne einen einzigen Gedanken an das kalte Wasser zu verschwenden. Vergewissere dich, dass du noch im meditativen Zustand bist, bevor du die Dusche startest. Versuche, das Wasser aufzudrehen, während du die körperliche und geistige Entspannung beibehältst. Halte die Augen unkonzentriert.

Wenn du feststellst, dass sich dein Geist oder Körper vor Erwartung anspannt, wenn du auf den Duschknopf schaust, dann mach dir bewusst, dass es die Angst und die Erwartung von Unbehagen ist, die dich aus dem primären Gewahrsein herausgezogen hat. Nimm in diesem Stadium einfach wahr, was der Geist tut. Es gibt nichts Besonderes, was du gegen die Anspannung tun musst, außer den Körper zu entspannen und den Geist wieder zu defokussieren, während du auf den Duschknopf blickst.

Sobald du entspannt bist, beginne mit dem Duschen, indem du den kalten Wasserstrahl über die schrittweise Vorgehensweise, die wir in Kapitel 8 gelernt haben, zu deinen Füßen leitest. Wann immer du spürst, dass deine Meditation abbricht oder schwächer wird, lenke den Duschkopf weg und steige wieder in die Meditation ein, bevor du zum allmählichen Verfahren zurückkehrst. Gehe so weit wie möglich, während du meditativ bleibst.

Die wirkliche Herausforderung wird es sein, wenn der Duschkopf kaltes Wasser in dein Gesicht sprüht, denn dann musst du deine Augen schließen. Du wirst versucht sein, den Geist auf die Stelle zu konzentrieren, die am meisten durch das Wasser stimuliert wird, die Stelle, die am unangenehmsten ist. Die Fokussierung auf diesen Bereich wird dich im Nu aus der Meditation herausbringen. Denke daran, dich so weit wie möglich zu entspannen und geistig defokussiert zu bleiben.

Im Allgemeinen kann eine Person, sobald sie alle Geräusche in der kalten Dusche machen kann, normalerweise eine volle kalte Dusche in meditativem Gewahrsein absolvieren. Wenn du noch nicht so weit bist, dass du während einer vollständigen, kalten Dusche in der Meditation bleiben kannst, dann mache dir keine Sorgen, denn es ist kein Wettrennen. Mit ein wenig mehr Übung wirst du dorthin gelangen.

Unabhängig davon, ob du die Meditation unter der Dusche perfekt aufrechterhalten hast oder nicht, stelle sicher, dass du dich im bewussten Alpha-Zustand (meditatives Gewahrsein) befindest, wenn du die Dusche verlässt. Trockne dich ab und ziehe dich an, während du in der Meditation bist. Verlasse das Badezimmer und schaue, wie lange du deine täglichen Aktivitäten im bewussten Zustand durchführen kannst.

Kapitel 16

Sphärische Bewusstheit

Achtsamkeit war eine der wesentlichsten Eigenschaften eines Meister-Samurai. Er nutzte jeden Moment seines Lebens als Gelegenheit, das Gewahrsein zu trainieren, so dass es immer da sein würde. Sein Ziel war es, dass das Bewusstsein seine Augen, seine Hände, seine Füße, sein Schwert und sein Schild, sein Herz sein sollte. Er war erst zufrieden, wenn das Gewahrsein beim Essen, beim Urinieren, im Gespräch, im Schlaf, beim Sex da war - in jedem Moment.

Das Erreichen eines solchen Bewusstseinsgrades klingt nach harter Arbeit. Wenn man richtig trainiert, ist es sicherlich eine Herausforderung, aber es wird nie langweilig. Wenn du erst einmal den Dreh raus hast, wirst du Dinge bemerken, die dir vorher nie aufgefallen sind. Eine ganz neue Welt voller Abenteuer öffnet sich für dich. Jeder Moment bietet eine Chance, vollständiger zu leben.

Sphärische Bewusstseinsmeditation

Stell dir vor, du gehst spät in der Nacht allein durch eine dunkle Gasse, was du hoffentlich nie tust. Jetzt stell dir vor, du hörst Schritte hinter dir, während du gehst. Es ist ganz natürlich, dass dein Geist beim Gehen sehr aufmerksam auf den Raum hinter dir achtet, auch wenn du nach vorne schaust.

Wenn du weiter gehst, scheinen die Schritte etwas lauter zu werden und näher zu kommen. Dein Herzschlag erhöht sich und du beginnst, Angst zu empfinden. Dein Verstand beginnt, Bilder des Angreifers hinter dir heraufzubeschwören, von einem Überfall, einer Vergewaltigung oder einem anderen Verbrechen.

Das erste Gefühl, das du wahrscheinlich erleben wirst, ist ein innerer Kampf zwischen dem Wunsch, dich umzudrehen und nachzusehen und der unglaublichen Angst, genau das zu tun. Die Angst suggeriert, dass das Umdrehen einen Angriff auslösen wird. Die meisten empfinden tiefe Angst, da ihr Nervensystem in den Kampf-oder-Flucht-Modus geht. Diese Reaktion ist sinnvoll, wenn es keine bessere Strategie gibt. Kampf oder Flucht ist eine Panikreaktion, die das Bewusstsein blockiert. Glücklicherweise gibt es einen anderen Weg, das sphärische Bewusstsein.

Der Schlüssel zum sphärischen Bewusstsein findet sich im obigen Szenario, in der Fähigkeit, den Bereich hinter dir wahrzunehmen, obwohl deine Augen nach vorne gerichtet sind. Während dieser Situation tut dein Geist etwas besonders Wichtiges, indem er absichtlich hinter dich fühlt, obwohl technisch gesehen deine physischen Sinne in dieser Richtung schwach oder nicht funktionsfähig sind.

Trotz des sensorischen, toten Winkels bist du in dieser Richtung aufmerksam. In Wahrheit kannst du auf ähnliche Weise in jeder Richtung aufmerksam sein. Es ist am einfachsten, diese Fähigkeit zunächst zu bemerken, wenn du dir vorstellst, dass jemand hinter dir her ist. Probiere es aus und überzeuge dich selbst. Während du geradeaus schaust, lasse deine Aufmerksamkeit kurz zu deiner linken Seite blitzen, ohne physisch dorthin zu schauen. Nun mache das Gleiche auf deiner rechten Seite. Versuche es noch einmal, während du den Bereich hinter dir aufmerksam wahrnimmst. Mache es noch einmal schnell in jede Richtung, links, rechts, hinten, oben und unten. Versuche es jetzt noch einmal, aber mit Entspannung. Wie fühlt sich das an?

Was wäre, wenn du durch Entspannung in alle Richtungen gleichzeitig aufmerksam sein könntest? Wie würde sich das anfühlen? Du kannst es. Probiere es aus und überzeuge dich selbst. Wie fühlt es sich an?

Sphärische Bewusstheit

Viele meiner Schüler berichten, dass es sich, nachdem sie dieses Gefühl bewusst entwickelt haben, so anfühlt, als ob sich etwas in ihnen geöffnet hätte. Genauso empfinde ich es auch. Vielleicht kannst du diese Öffnung auch spüren. Wenn nicht, wird es mit der Zeit kommen. Wenn du es einmal erlebt hast, wirst du verstehen, was ich meine. Du wirst nicht in der Lage sein, diese Veränderung irgendjemandem so zu erklären, dass er sie versteht, bis auch er diese Veränderung erlebt hat.

Was ist also der Unterschied zwischen dem ängstlichen Bewusstsein der Person, die verfolgt wurde und dem, was du jetzt tust? In erster Linie liegt der Unterschied im Zustand des Nervensystems. Im Stalking-Szenario befindest du dich wahrscheinlich in einem hochgradig ängstlichen, furchtsamen Zustand, einer Reaktion des sympathischen Nervensystems, bekannt als Kampf-oder-Flucht. In diesem Zustand verhält sich das Nervensystem ähnlich wie das einer Maus, wenn sie den Geruch einer Katze in der Luft wahrnimmt. Das Gefühl ist klein und reaktiv.

Im Kampf-oder-Flucht-Zustand gerät eine Person wahrscheinlich in Panik, was zu einem von drei Szenarien führt. Das häufigste ist das Vermeidungsverhalten, bei dem der Verstand versucht, sich selbst einzureden, dass keine Gefahr besteht: „Ich bilde mir das nur ein" oder „Er verfolgt mich nicht. Er geht nur zufällig in dieselbe Richtung wie ich." Diese Rechtfertigungen können die Realität widerspiegeln, müssen es aber nicht. Wenn ein echter Stalker hinter dir steht, bringt dich das Vermeiden in der Tat in eine sehr verletzliche Position.

Das zweite Szenario, ebenfalls eine Kampf-oder-Flucht-Reaktion, besteht darin, in einen panischen Lauf zu verfallen, was den Verfolger, falls es ihn gibt, wahrscheinlich dazu anspornt, dich zu jagen, ähnlich wie eine Katze instinktiv einen Ball jagt. Wenn du ein schneller Läufer bist, könntest du entkommen. Aufgrund der Panik wirst du jedoch wahrscheinlich einen Adrenalinstoß erleben, was bedeutet, dass sich dein Körper schnell erschöpft. Wenn dein Verfolger in guter Verfassung ist, wird er dich wahrscheinlich einholen und wenn er das tut, bist du möglicherweise so müde, dass du nicht mehr effektiv denken oder etwas Nützliches tun kannst.

Das dritte Szenario ist der Kampf-Aspekt des Kampf-oder-Flucht-Modus. Du beschließt, dich umzudrehen und denjenigen anzugreifen, der hinter dir ist. Da du in einer Art Panikzustand reagierst, wie ein Tier, das in die Ecke gedrängt wurde, erleidest du jedoch wieder den Adrenalinstoß und verlierst schnell deine Energie. Wenn du Glück hast, wird dein Verfolger, vorausgesetzt, es gibt ihn, überrumpelt und überwältigt. Wenn er eine Waffe hat, besteht die Gefahr, verletzt oder gar getötet zu werden.

Alle drei dieser Reaktionen haben nichts mit Meditation oder Gewahrsein, nach meiner Definition, zu tun. Damit es Gewahrsein gibt, dürfen wir nicht in der extremen Beta-Welle, der sympathischen Nervenreaktion des Kampfes oder der Flucht gefangen sein, sondern müssen uns stattdessen im bewussten Alpha-Wellen-Zustand des sphärischen Gewahrseins befinden, wie ein Samurai-Meister, der von Gegnern umgeben ist, die ihn zu Fall bringen wollen. Selbst wenn er dem Tod ins Auge blickt, ist er ruhig, zentriert und in jede Richtung aufmerksam und vertraut darauf, dass sein bewusster Körper den besten Weg durch die Konfrontation offenbaren wird.

Wenn du dich im Kampf-oder-Flucht-Modus befindest, baut sich in deinem Körper eine unangemessene Spannung auf, wodurch deine Bewegungen steif werden. Deine Aufmerksamkeit ist in eine Richtung gerichtet und du repräsentierst eine Energie der Schwäche. Dieses Bild zieht die Aufmerksamkeit potenzieller Angreifer auf sich, so wie ein verletzter Elch die Augen des Wolfsrudels auf sich zieht. Vollkommene Ahnungslosigkeit zieht die Aufmerksamkeit von potenziellen Angreifern auf sich, weil die Körpersprache Verletzlichkeit widerspiegelt.

Wenn man in einem zentrierten, sphärischen Bewusstsein bleibt, fühlen sich Raubtiere abgeschreckt, weil die Begrenzung des Risikos für sie eine instinktive Priorität ist. Es gibt keinen Grund, sich aufzublasen und zu versuchen, stark auszusehen, denn das ist kein Bewusstsein und führt mit großer Wahrscheinlichkeit zu einer gewalttätigen Konfrontation.

Anstatt zu versuchen, stark zu wirken, bleibe ruhig und zentriert. Diese Qualität der Energie hat eine erstaunliche Wirkung auf Möchtegern-Raubtiere. Die meisten von ihnen sind durch ein ruhiges und bewusstes Auftreten verwirrt. Verwirrung erzeugt Angst, wenn man unter Druck steht. Plötzlich ist das Raubtier unsicher und diese Unsicherheit führt in der Regel zu einem Rückzug.

Als junger Mann war ich unerwartet in der Lage, bei mehreren Gelegenheiten ruhiges, zentriertes Bewusstsein unter der Bedrohung von Straßenräubern auszuprobieren, was jedes Mal zu einer offensichtlichen Verwirrung auf Seiten der Straßenräuber und einem friedlichen Rückzug führte. Mein gehetzter Geisteszustand zog ihre Aufmerksamkeit auf sich. Sobald sie begannen, sich zu nähern, bemerkte ich sie und die Energie, die ihre Aufmerksamkeit erregt hatte. In diesem Moment wurde ich sphärisch bewusst. Sie wichen zurück, ohne dass ich aggressive Worte oder eine gewalttätige Konfrontation brauchte. Zuerst war ich verwirrt über ihre seltsamen Reaktionen auf mein ruhiges Gewahrsein, aber nachdem ich lange genug trainiert und die Kraft des sphärischen Gewahrseins immer wieder getestet hatte, erkannte ich, dass Menschen im Raubtiermodus durch diesen Zustand des Seins verwirrt sind.

Die Nervensysteme aller Tiere, einschließlich des Menschen, haben sich im Laufe der Äonen so entwickelt, dass sie vier Zustände des Nervensystems wahrnehmen. Der erste Zustand ist der des fehlenden Bewusstseins oder der Unachtsamkeit, das einfachste Ziel. Der zweite Zustand ist der des Vermeidens oder Verleugnens, ein weiteres leichtes Ziel. Sie können diesen Zustand bei Tieren sehen, die, wenn sie nervös sind, vom Angreifer wegschauen, aber nicht weglaufen. Der dritte Zustand ist die Flucht, die zu einer Verfolgungsjagd führt und damit viel anspruchsvoller ist als Unaufmerksamkeit oder Vermeidung. Der vierte Zustand ist der, der Aggression, bei dem sich ein Tier umdreht und den Angreifer bekämpft.

Die meisten Begegnungen in der Natur enden in Verfolgungsjagden, weil Tiere im Allgemeinen leichter in den Fluchtmodus übergehen als in den Vermeidungsmodus und natürlich sind Wildtiere viel aufmerksamer als Menschen, weil sie es sein müssen, um zu überleben. Von den vier Zuständen ist der Schwierigste jener, wenn ein Tier sich umdreht und kämpft. Die meisten Raubtiere sind darauf nicht vorbereitet. Das typische Ergebnis eines Kampfes ist die Verletzung beider Parteien, daher ist es eine schlechte Strategie für ein einzelnes Raubtier, auf ein Tier zu zielen, das sich wahrscheinlich umdreht und kämpft. Die meisten Raubtiere werden versuchen, Tiere zu meiden, von denen sie glauben, dass sie in den Kampfmodus übergehen werden, es sei denn, die Raubtiere sind der Beute zahlenmäßig weit überlegen.

Es gibt jedoch noch einen anderen Zustand, für den das Standard-Nervensystem völlig blind zu sein scheint - ruhiges, sphärisches Bewusstsein. Tiere scheinen nicht in der Lage zu sein, diesen Zustand zu wählen, aber Menschen können es, wenn sie sich dessen bewusst werden. Mit etwas Übung können Menschen beginnen, diese Art von Bewusstsein in ihrem täglichen

Leben zu verkörpern.

Druck-Training Sphärische Bewusstheit

Hinweis: Stelle zur Sicherheit immer einen Timer für zehn Minuten ein, um dich daran zu erinnern, den Raum zu verlassen, bevor eine Unterkühlung eintritt.

Jetzt, wo du mit dem sphärischen Bewusstsein vertraut bist, ist es wichtig, dass du damit beginnst, es in die Praxis umzusetzen und es durch progressive Herausforderungen zu entwickeln. Wir können die kalte Dusche nutzen, um mit dem Drucktraining der sphärischen Wahrnehmung zu beginnen.

Versetze dich in ein ruhiges, sphärisches Bewusstsein, bevor du das Badezimmer betrittst. Sobald du ruhig und bewusst bist, betritt das Bad, ziehe dich aus und steige in die Dusche, während du bei sphärischem Bewusstsein bleibst.

Wenn du unter der Dusche stehst, schaue erst auf den Duschknopf und dann auf den Duschkopf, um zu sehen, ob die Vorfreude dich aus dem Gewahrsein reißt. Um dein Gewahrsein auf diese Weise zu testen, platziere einfach den Duschknopf oder den Duschkopf in die Mitte deines visuellen Gewahrseins, ohne dich darauf zu konzentrieren. Wenn du deinen Geist davon abhalten kannst, sich zu fokussieren, solltest du in der Lage sein, sphärisch bewusst zu bleiben.

Schalte die Dusche ein, mit dem Ziel, diesen Zustand während des wässrigen Chaos beizubehalten. Bewahre ein leichtes Bewusstsein für den Raum um dich herum, so dass du bemerken würdest, wenn jemand den Raum betreten würde.

Sobald die Dusche beendet ist, steige hinaus und trockne dich ab, während du das sphärische Bewusstsein beibehältst. Ziehe dich an und schaue, wie lange du es für den Rest des Tages beibehalten kannst.

Eine Person, die noch nicht ganz bereit für die Herausforderung des sphärischen Bewusstseins unter Druck ist, wird vielleicht bemerken, dass ihre Energie beim Gedanken an die Dusche oder wenn die Kälte auf die Haut trifft, wieder in einen anderen Bewusstseinszustand zurückfällt. Du könntest sogar bemerken, dass sich deine Aufmerksamkeit defensiv nach innen bewegt, weil die Körpersysteme noch nicht stark genug sind, um unter Druck bewusst zu bleiben. Selbst Personen, die viele Jahre lang meditiert haben, werden nicht in der Lage sein, unter einer kalten Dusche zu meditieren, wenn sie ihren Körper nicht richtig trainiert haben.

Die Quintessenz ist, dass Menschen mit schwacher Energie nicht meditieren können, wenn sie sich nicht wohl fühlen. Während wir uns darin üben, unerschütterlich bewusst zu sein, muss die unbewusste Abhängigkeit von Bequemlichkeit überwunden werden, denn das Leben ist oft unangenehm. Wenn der Praktizierende diese Bequemlichkeit nicht überwindet, wird es eine ständige Trennung zwischen dem meditativen Gewahrsein und dem täglichen Leben geben. Deshalb werden wir nur dann das Gewahrsein in unserem Leben vollständig verkörpern, wenn wir die meditativen Fähigkeiten durch Unbehagen herausfordern.

Kapitel 17

Tieferes Körpertraining

Die anspruchsvollste Zeit für die kalte Dusche ist drei bis vier Uhr morgens, wenn der Blutdruck und die hormonelle Aktivität des Körpers am niedrigsten sind. Wenn du krank bist, wirst du feststellen, dass sich die Symptome um diese Zeit immer am schlimmsten anfühlen. Diese frühen Morgenstunden sind auch die Zeit, in der die Mehrheit der Menschen im Schlaf stirbt. Wenn du um fünf oder sechs Uhr aufstehst und direkt unter die Dusche gehst, wird dein Blutdruck wahrscheinlich höher sein als um drei Uhr morgens, aber er wäre immer noch ziemlich niedrig im Vergleich zu anderen Zeiten deines wachen Tages. Im Gegensatz dazu ist es am einfachsten, eine kalte Dusche zu nehmen, wenn du völlig wach bist und dein Blutdruck auf einem normalen Niveau ist. Wenn du dein Kältetraining zu diesen relativ einfachen Zeiten durchgeführt hast, könntest du versucht sein zu denken, dass du die Methode gemeistert hast, obwohl das nicht der Fall ist.

Der Weg zur Meisterschaft besteht darin, am frühen Morgen zu duschen, wenn der Körper noch relativ energiearm ist. Wenn du diese Duschen in nahtlosem, sphärischem Bewusstsein nehmen kannst, dann weißt du, dass du für den nächsten Schritt bereit bist, den wir in diesem Kapitel erkunden werden.

Tieferes Körpertraining

Wenn wir die Dusche durch sphärisches Bewusstsein gemeistert haben, bedeutet das, dass wir nicht mehr zögern, unter die Dusche zu gehen, wenn wir uns nicht krank fühlen. Wenn wir es wünschen, gibt es natürlich noch weitere Herausforderungen, die vor uns liegen, wie zum Beispiel kalte Bäder zu nehmen.

Bevor du zu dieser Art von Training übergehst, solltest du unbedingt deinen Arzt konsultieren. Wenn du ein Herzleiden oder das Raynaud-Syndrom hast, ist es vielleicht am besten, kalte Bäder ganz zu vermeiden, bis du diese Beschwerden erfolgreich überwunden hast. Wenn du nicht vorhast, ein kaltes Bad zu nehmen, kannst du von hier aus zum nächsten Kapitel übergehen, um deine Fortschritte weiter voranzutreiben.

Bevor wir auf die spezifischen Methoden und Gründe für ein kaltes Bad eingehen, beginnen wir mit den Ausnahmen, auf Basis derer du lieber auf ein kaltes Bad verzichten solltest.

Krankentage

Wenn du dich an einem Morgen nicht wohl fühlst, kannst du das kalte Bad und sogar die kalte Dusche weglassen und stattdessen nur die in Kapitel 8 beschriebene Waschbeckenmethode anwenden. Wenn deine Energie extrem niedrig ist, du Fieber, Schüttelfrost oder Anzeichen von Übelkeit hast, dann vermeide alle Formen des Kältetrainings, da sie deinen Körper noch mehr schwächen können. Lege an solchen Tagen eine Pause ein.

Wenn du dich nicht krank, aber etwas energielos fühlst, kannst du dein Training mit der in Kapitel 8 beschriebenen Waschbeckenmethode fortsetzen.

Ich begann mein Kaltwassertraining in einem Bach während des Überlebenstrainings. Im Sommer war es so schwül, dass ich nachts nicht schlafen konnte. Ich begann, nachts in den Bach zu waten, mit der Absicht, meinen Körper abzukühlen, damit ich nachts gut schlafen konnte. Das hat extrem gut funktioniert.

Als ich nach Tokio zurückkehrte, auch ein feuchter Ort, fuhr ich mit dieser Gewohnheit fort, aber mit kalten Bädern. Wir lebten in einer Wohnung, die kein Kühlsystem hatte, so dass die Nächte schweißtreibend und ungemütlich waren. Die kalten Bäder verbesserten meine Schlafqualität erheblich.

Seit diesem Training habe ich aufgehört, im Winter schwere Kleidung zu tragen, so dass sich meine Kleidungsauswahl zwischen Sommer und Winter kaum verändert hat. Bis zum heutigen Tag genieße ich kalte Bäder mehr als kalte Duschen. Wie ich bereits angedeutet habe, scheint das Raynaud-Syndrom in meiner Familie zu liegen, so dass ich in der kalten Jahreszeit aufpassen muss, wenn ich kalte Bäder nehme und gelegentlich mehr Kleidung tragen muss.

Kaltwasserbäder stellen andere Herausforderungen dar als kalte Duschen. Bäder sind nicht so chaotisch wie die Duschen, aber sie sind körperlich anspruchsvoller. Kalte Bäder fordern die Gelassenheit heraus, weil sie die Wärme schneller, dafür aber leiser, aus dem Körper entfernen als kalte Duschen.

Angenommen, du bist nach deinem Urteil und dem deines Arztes fit für ein Erkältungsbad, dann ist es wichtig, dass du zunächst die Symptome einer Unterkühlung erkennst. Ein Nicht-Erkennen der Symptome kann zum Tod führen.

Symptome der Unterkühlung

Nach Angaben der Mayo Clinic sind die Anzeichen einer Unterkühlung wie folgt:

- Schüttelfrost
- Undeutliches Sprechen oder Nuscheln
- Langsame, flache Atmung
- Schwacher Puls
- Ungeschicklichkeit oder mangelnde Koordination
- Schläfrigkeit oder extrem niedrige Energie
- Verwirrung oder Gedächtnisverlust
- Verlust des Bewusstseins

Die Mayo Clinic warnt: „Jemand mit Unterkühlung ist sich seines Zustands meist nicht bewusst, da die Symptome oft schleichend beginnen." Die Website stellt auch fest, dass „verwirrtes Denken im Zusammenhang mit

Unterkühlung die Selbstwahrnehmung verhindert", was „zu risikofreudigem Verhalten führen kann."

Die Mayo Clinic listet darüber hinaus eine Reihe von Risikofaktoren auf, welche die Wahrscheinlichkeit, an einer Unterkühlung zu erkranken, erhöhen können (siehe „Hypothermie" auf der Website der Mayo Clinic):

- Müdigkeit oder Erschöpfung verringern deine Kältetoleranz.
- Mit zunehmendem Alter kann die Fähigkeit des Körpers, die Körpertemperatur zu regulieren und die Symptome einer Unterkühlung zu erkennen, abnehmen.
- In der Pubertät verliert der Körper schneller Wärme als bei Erwachsenen üblich.
- Geistige Probleme wie Demenz und andere Zustände können das Urteilsvermögen oder das Bewusstsein für die Symptome der Unterkühlung beeinträchtigen, wenn diese einsetzen.
- Alkohol bewirkt, dass sich die Blutgefäße erweitern, wodurch sich der Körper warm anfühlen kann. Aufgrund der Erweiterung der Blutgefäße, verliert der Körper jedoch schneller Wärme, wenn sie sich zum Schutz vor der Kälte zusammenziehen sollten. Außerdem vermindert Alkohol die natürliche Schüttelfrostreaktion, die eines der ersten Anzeichen dafür ist, dass man aus dem Wasser steigen muss. Bei Alkohol besteht auch die Gefahr, im Wasser ohnmächtig zu werden.
- Freizeitdrogen beeinträchtigen das Urteilsvermögen und können zur Ohnmacht im kalten Wasser führen.
- Medizinische Zustände, die die Regulierung der Körpertemperatur beeinträchtigen, wie Hypothyreose, Anorexia nervosa, Diabetes, Schlaganfall, schwere Arthritis, Parkinson-Krankheit, Trauma und Rückenmarksverletzungen, erhöhen das Risiko einer Unterkühlung.
- Medikamente wie Antidepressiva, Antipsychotika, Schmerzmittel und Beruhigungsmittel können die Fähigkeit des Körpers zur Wärmeregulierung verringern.

Die Schlussfolgerung ist einfach: Das Kältetraining sollte nur von Personen durchgeführt werden, die bereit sind, ihr Training ernst zu nehmen und ihren Arzt konsultiert haben. Wenn du eines der Symptome einer Unterkühlung bemerkst, beende die Exposition sofort und wärme deinen Körper. Als allgemeine Regel gilt: Bleibe nicht länger als zehn Minuten im kalten Wasser. Wenn sich dein Körper stark an die Kälte gewöhnt hat und du die Anzeichen einer Unterkühlung genau kennst, kannst du möglicherweise länger im Wasser bleiben.

Meditation im kalten Bad

Hinweis: Stelle zur Sicherheit immer einen Timer für zehn Minuten ein, um dich daran zu erinnern, den Raum zu verlassen, bevor eine Unterkühlung eintritt.

Wenn dein Kreislauf und deine Zellen erst einmal stark und gesund geworden sind, kannst du durch kalte Bäder eine kraftvolle und glückselige Meditation genießen.

Hier erfährst du, wie du ein einfaches, meditatives, kaltes Bad nehmen kannst:

- Vergewissere dich vor dem Betreten des kalten Bades, dass du dich in einem sphärischen Bewusstsein befindest.
- Versuche, in einer einzigen nahtlosen, bewussten, harmonischen Bewegung, die ohne Pause oder Eile in die nächste Bewegung übergeht, einzusteigen und dich zu setzen.
- Wenn du sitzt, strecke die Beine langsam aus, um sie vollständig ins Wasser einzutauchen.
- Sobald deine Beine vollständig nass sind, halte den Atem an und lege dich so gezielt wie möglich zurück, um den Oberkörper und den Kopf unterzutauchen.
- Bleibe so lange untergetaucht, wie du bequem den Atem anhalten kannst, während du im sphärischen Bewusstsein bist.
- Sobald du bereit bist, den nächsten Atemzug zu nehmen, setze dich auf und entspanne dich vollständig in einer tiefen Meditation.
- Während du dort sitzt, wird deine Körperwärme das Wasser in der

Tieferes Körpertraining

Nähe erwärmen, was eine isolierende Barriere zum kältesten Wasser schafft. Benutze ab und zu deine Hände und Beine, um das Wasser leicht zu bewegen, damit dein Körper die kältesten Temperaturen erfährt.

- Halte nach etwa einer Minute des meditativen Sitzens erneut den Atem an und lasse den Oberkörper und den Kopf wieder eintauchen, bis du bereit bist, einen weiteren Atemzug zu nehmen.
- Bei der Zehn-Minuten-Marke (oder früher, wenn du Symptome von Unterkühlung verspürst), verlässt du die Badewanne in sphärischem Bewusstsein.
- Trockne dich ab, ziehe dich an und setze deinen Tag in sphärischem Bewusstsein fort.

Wenn du erst einmal den Dreh raus hast und während des grundlegenden Bades, das ich oben skizziert habe, sphärisch bewusst bleiben kannst, vergiss die Form und tue, was sich richtig anfühlt, während du im kalten Bad bist. Achte dabei stets auf die Sicherheitsvorkehrungen. Fühle dich aus einem tiefen, sphärischen Bewusstsein heraus durch die Erfahrung.

Kapitel 18

Bewusstseins-Übungen und Spiele

Um unerschütterliche Bewusstheit zu erlangen, ist es wichtig, damit zu beginnen, das sphärische Gewahrsein in das tägliche Leben innerhalb und außerhalb des Hauses zu integrieren. Wir wollen, dass das Bewusstsein bis auf die Ebene des Instinkts vordringt und uns dort beeinflusst.

Für Menschen und Tiere sind Spiele eine kraftvolle Möglichkeit, um mit ihrem Instinkt in Kontakt zu kommen. Wenn du ein Jäger und Sammler wärst, würdest du wahrscheinlich, egal wo du auf der Welt lebst, auf irgendeine Variante der in diesem Kapitel enthaltenen Übungen und Spiele stoßen.

In meinem persönlichen Bestreben, Achtsamkeit zu integrieren, habe ich mir eine Reihe dieser Übungen und Spiele ausgedacht, nur um später festzustellen, dass die Leute sie schon seit Ewigkeiten machen. Die Werkzeuge, die du in diesem Kapitel findest, werden deine tägliche Praxis ein wenig aufpeppen und dazu dienen, bewusst zu bleiben, wenn du es sonst vielleicht nicht wärst. Ich hoffe, die Spiele machen dir genauso viel Spaß wie mir.

Röntgenblick

Die erste Übung besteht darin, sich vorzustellen, dass du einen Röntgenblick hast. Vielleicht hast du dir als Kind schon einmal vorgestellt, du hättest einen Röntgenblick. Doch dieses Spiel unterscheidet sich von dem, das du damals wahrscheinlich gespielt hast. Die Grundlage dieser Übung ist die sphärische Wahrnehmung, die wir mit einer imaginären Karte kombinieren werden, die wir beim Üben ständig aktualisieren.

Stell dir vor, du hättest mit offenen Augen einen Röntgenblick, der dir erlaubt, durch Wände hindurch in Räume, Türen, Flure usw. zu sehen, die jenseits deiner physischen Sicht liegen. Wenn du dich im Freien befindest, könntest du die Lage des Landes, die Bäume, Hügel, Flüsse usw. visualisieren, die sich jenseits deiner physischen Sicht befinden. Erstelle eine mentale 3-D-Landkarte deiner Umgebung mit geringem Detailgrad, so dass du dir den gesamten Raum mit den offensichtlichen Objekten wie Möbeln vorstellen kannst, wenn du die Augen schließt (es ist dabei nicht nötig, dass deine Vorstellungskraft hochauflösend wird und du die Textur der Wände oder die Pinselstriche in einem Gemälde visualisierst).

Diese Übung sorgt dafür, dass du die Umgebung um dich herum aufmerksam beobachtest und diese Achtsamkeit ermöglicht es dir, die mentale Karte relativ aktuell zu halten. Je öfter du diese Übung praktizierst, desto stärker wirst du motiviert sein, herumzureisen, um zu entdecken, was jenseits deiner physischen Wahrnehmung liegt. Die neuen Informationen werden innerlich kartiert und in deine Röntgenvision aufgenommen. Die Karte wird nie ganz korrekt sein, aber sie wird dir helfen, das sphärische Bewusstsein zu üben, während du gleichzeitig deine physische Aufmerksamkeit auf den Raum um dich herum richtest.

Drehen mit dem Röntgenblick

Dies ist eine Erweiterung der Übung „Röntgenblick".

1. Stehe auf und schaue dich um, um eine mentale Karte deiner Umgebung zu erstellen.

2. Sobald du deine Umgebung kartiert hast, dehne deine Wahrnehmung sphärisch über den gesamten Bereich aus, wie du es bereits gelernt hast.
3. Sobald das Bewusstsein ausgedehnt ist, schließe die Augen, während du deinen imaginären Röntgenblick aktivierst und beginne, dich langsam an Ort und Stelle zu drehen wie der Zeiger einer Uhr.
4. Während du dich langsam mit geschlossenen Augen drehst, wähle ein Objekt wie einen Raum oder eine Tür aus, auf das du zeigst, nachdem du mehrere 360-Grad-Drehungen gemacht hast.
5. Sobald du das Gefühl hast, dass der Raum oder das Objekt mit deiner angezeigten Richtung übereinstimmt, halte an und zeige weiterhin mit noch geschlossenen Augen auf das Objekt.
6. Öffne die Augen, um deine Genauigkeit zu überprüfen.

Wenn du dieses Spiel oft spielst, entwickelst du eine unglaublich leistungsfähige Karte deiner Umgebung und trainierst gleichzeitig dein sphärisches Bewusstsein.

Topographische Ansicht

Topografie ist die Lehre von den Merkmalen und der Form des Landes. Topografisches Betrachten ist eine Übung, die die meisten Jäger und Sammler praktizieren, um sich nicht zu verlaufen. Während sie gehen, stellen sie sich vor, dass ihr Geist hoch über ihrem Körper ist und nach unten schaut, um die Lage des Landes, seine markanten Merkmale und Formen zu sehen.

Die imaginäre Ansicht würde Berge, Täler, Flüsse, Bäche, Wälder, Wiesen und so weiter umfassen. Wenn du in der Stadt wärst, würde sie Gebäude, Straßen, Ecken, Geschäftsbereiche und Nachbarschaften, Hoch- und Tiefland umfassen.

Stell dir in einem meditativen Zustand vor, dass sich dein „geistiges Auge" aus deinem Körper erhebt und sich hoch in die Luft bewegt, um auf die umgebende Topographie herabzuschauen. Während du dich bewegst, aktualisierst du immer wieder die topografische Ansicht.

Viele Menschen, die diese Übung praktizieren, stellen fest, dass sie sich dabei angenehm entspannt fühlen. Das Gefühl resultiert aus einer

Verschiebung in einen bewussten Gehirnwellenzustand. Wenn du dieses Spiel beim Gehen spielst, wird es immer unwahrscheinlicher, dass du dich verläufst.

Attentäter-Spiel

Dies ist ein ausgezeichnetes Wahrnehmungsspiel, das gleichzeitig den Instinkt und das sphärische Bewusstsein anregt. Die Idee dahinter ist, dein Bewusstsein durch den gesamten Raum deiner Wohnung zu erweitern, zum Beispiel mit dem Ziel, jederzeit zu spüren, wo sich andere Menschen aufhalten. Stell dir bei diesem Spiel vor, dass andere Menschen Attentäter sind, die es auf dich abgesehen haben.

Um einen Punkt zu erzielen, musst du jemanden bemerken, der sich dir nähert, bevor er sich dir bis auf zwei Meter nähert. Wenn du ihn bemerkst, bevor er in einem Umkreis von zwei Metern bei dir ist, dann hast du den Angriff des Attentäters überlebt. In deinem Kopf kannst du einen Punkt zählen. Wenn sich jemand auf weniger als zwei Meter nähert, bevor du ihn bemerkst, dann wurdest du erwischt. In diesem Fall gibt es einen Minuspunkt für dich.

Es ist nicht nötig, jemandem von diesem Spiel zu erzählen. Es spielt keine Rolle, ob sie vorhaben, sich an dich heranzuschleichen oder ob sie deine Anwesenheit gar nicht bemerkten. Wenn sie sich dir bis auf zwei Meter nähern, bedeutet das, dass du verloren hast. Zähle am Ende eines jeden Tages zusammen, wie oft du ein Attentat vermieden hast und wie oft du erwischt wurdest. Ich habe meine täglichen Ergebnisse in meinem Notizbuch festgehalten, um zu sehen, ob es im Laufe der Zeit Fortschritte gibt. Es könnte dir auch Spaß machen, das zu tun.

Wenn sich dein Bewusstsein durch dieses Spiel verbessert, wirst du die Herausforderungen erhöhen wollen. Du kannst dies ganz einfach tun, indem du die Entfernungsmessung von zwei Meter auf vielleicht drei Meter, vier Meter oder mehr erhöhst, wenn sich deine Fähigkeiten verbessern.

Wenn du auf diese Weise trainierst, erhältst du die Art von sechstem Sinn, die Legenden der Kampfkunst gehabt haben sollen. Am wichtigsten ist, dass es Instinkt und Bewusstsein gleichzeitig stimuliert und deine instinktive Reaktion so modifiziert, dass sie mit dem Bewusstsein in größerer Dauer verbunden ist. Da diese Verbindung stärker wird, wirst du tendenziell weniger Angst vor dem Chaos des Lebens haben.

Blinde Flecken

Die meisten Autounfälle ereignen sich in Gegenden, die den beteiligten Fahrern sehr vertraut sind, etwa in ihrer Nachbarschaft. Unfallstatistiken deuten darauf hin, dass du umso mehr dazu neigst, auf Autopilot zu fahren, je näher du deinem Zuhause oder einer Straße bist, die du häufig befährst und dass du in dieser Zeit am wenigsten aufmerksam bist.

Denke daran, wie oft du an deinem Ziel angekommen bist und dich nicht erinnern kannst, wie du dorthin gekommen bist. Wenn wir wiederholt in sehr vertrauten Gegenden fahren, neigen wir dazu, uns auf unser Muskelgedächtnis zu verlassen und abzuschalten. In diesem Szenario ist es logisch, dass das Risiko eines Unfalls steigt.

Unfälle sind nicht nur am häufigsten, wenn wir uns in der Nähe unseres Zuhauses befinden, sie sind auch tödlicher, weil die Leute es versäumen, ihre Sicherheitsgurte anzulegen oder sie legen sie bereits ab, wenn sie gerade um die letzte Ecke fahren.

Wenn du darauf achtest, wie du fährst, wirst du feststellen, dass du am wachsamsten bist, wenn du dich in einem unbekannten Gebiet befindest. Diese erhöhte Wachsamkeit gilt für die meisten Menschen, wann immer sie sich in einer neuen Situation befinden, nicht nur beim Autofahren.

Wenn du Menschen in einer überfüllten Stadt beobachten würdest, fiele es dir wahrscheinlich relativ leicht, Touristen von den Einheimischen zu unterscheiden. Einheimische neigen dazu, in Eile zu sein. Sie bewegen sich direkt von Punkt A zu Punkt B und machen sich normalerweise nicht die Mühe, sich umzuschauen, oft beobachten sie sogar ihre Füße, während sie weitergehen. Touristen hingegen neigen dazu, sich viel mehr umzuschauen als die Einheimischen, was ihren Weg im Durchschnitt weniger direkt und weniger eilig macht.

Wenn du ein Verbrecher wärst und einen Plan machen würdest, wen würdest du anvisieren, die bewusste oder die unbewusste Person? Die unaufmerksame Person wäre das sicherere Ziel. Um deine Erfolgschancen zu maximieren, würdest du dein Ziel natürlich an einem Ort treffen, an dem es weniger aufmerksam ist.

Bewusstseins-Übungen und Spiele

Die meisten Menschen denken, wenn sie sich einen Ninja-Attentäter aus dem alten Japan vorstellen, an einen kräftigen, geschickten und wendigen jungen Krieger in einem schwarzen Anzug. Das ist Hollywood. Es gab auch geschickte Krieger unter den Ninja, aber die meisten Attentäter und Spione waren Frauen. Stell sie dir eher als Dienstmädchen oder Mätressen vor. Getäuscht von einem scheinbar harmlosen Bild, starb die Zielperson meist in ihrem eigenen Bett oder in der Latrine. Wenn wir uns an solchen Orten aufhalten, neigen wir dazu, anzunehmen, dass wir in Sicherheit sind, also erlauben wir es uns, völlig in uns selbst versunken zu sein.

Räuber suchen sich in der Regel Menschen, die allein sind und nicht aufpassen. Anders als oft angenommen, finden viele Überfälle am helllichten Tag statt. Wenn du ein erfahrener Straßenräuber wärst, wen würdest du anvisieren?

Als ich ein junger Mann war, hat jemand versucht, mich am helllichten Tag an einer Bushaltestelle zu überfallen. Ich hatte es eilig und war unaufmerksam. Ich muss wie ein perfektes Opfer ausgesehen haben. Der Überfallene konnte direkt an meine Seite herantreten und ein Messer schwingen, das fast meinen rechten Brustkorb berührte, bevor ich aus meiner hastigen Benommenheit erwachte. Ruhiges, sphärisches Bewusstsein verwirrte ihn und ich konnte ihn von seinem ruchlosen Vorhaben abbringen. Wäre ich in der Beta-Gehirnwelle geblieben, wäre das Ergebnis sicherlich anders gewesen. Selbstversunkenheit ist gefährlich.

Wenn du darauf achtest, wohin du schaust, während du zur und von der Arbeit weg fährst, wirst du feststellen, dass deine Augen dazu neigen, fast bei jeder Fahrt die gleichen Dinge wahrzunehmen und zu übersehen. Das Gleiche gilt, wenn du zu Hause durch dein Haus gehst. Bestimmte Bereiche scheinen deine Aufmerksamkeit besonders zu erregen und andere bemerkst du fast nie. Diese blinden Flecken sind die Orte, an denen sich der Verbrecher aufhalten könnte.

Um eine bessere Vorstellung davon zu bekommen, wie du dein Bewusstsein so umgestalten kannst, dass du die blinden Flecken bemerkst, fange an zu bemerken, wohin du schaust, während du durch dein Haus gehst. Du wirst wahrscheinlich feststellen, dass du immer wieder auf die gleichen Dinge schaust und andere Stellen nicht bemerkst. Allein durch die Beobachtung deiner Lebensmuster wird ein geschickter Verbrecher besser als du wissen, worauf du achtest. Um ihren schändlichen Plan erfolgreich durchzuführen, müssen sie sich nur in einem deiner blinden Flecken aufhalten, wenn du vorbeigehst.

Sobald du anfängst, deine eigenen blinden Flecken zu bemerken, beginne auch, die blinden Flecken deiner Familienmitglieder und deiner Nachbarn zu beobachten. Achte auch auf deren regelmäßige Muster. Wann gehen sie raus, um die Post zu holen, den Müll rauszubringen, zur Arbeit zu gehen, wiederzukommen, usw.? Einige dieser Bereiche können ein wenig variieren, während andere extrem konstant sind. Beständige Muster weisen auf potenzielle, blinde Flecken hin, die dein imaginärer Verbrecher zu seinem Vorteil nutzen könnte.

Der Schlüssel bei diesem Spiel und jedem anderen Spiel ist, dass es aus einem bewussten Alpha-Wellen-Zustand geübt wird, nicht aus dem Beta-Zustand. Wenn du aus dem Beta-Zustand heraus übst, blinde Flecken zu bemerken und dir deine Schwachstellen vorzustellen, kann das zu Ängsten führen, was deinen Zielen zuwiderlaufen würde. Stelle sicher, dass du dich bei jedem Spiel in einem bewussten Zustand befindest. Und sei sicher, dass du Spaß dabei hast.

Tür-Bewusstsein

Wenn du ein Restaurant oder Café betrittst, wäre es schön, wenn du auch dort einige Übungen machen kannst. Tür-Bewusstsein ist eine Übung, die ich aus den Lehren von Sokaku Takeda, dem berühmten Obermeister des Daito-ryu Aikijujutsu aus dem 20. Jahrhundert gelernt habe. Daito-ryu ist ein Samurai-Kampfsystem, das ich von Osaki Sensei erhielt, als ich in Japan war. Sokaku Takeda lehrte seine ihm nahestehenden Schüler, dass man, wenn man mit jemandem durch ein Tor oder eine Türöffnung geht, alles tun sollte, um der Letzte zu sein.

Der Grund, den er für diese Praxis angab, war, dass in den vorherigen Generationen viele Samurai unerwartet von der höflichen Person ermordet wurden, die „freundlicherweise" hinter ihnen ein- oder ausging. Die Tötungs-Methode war in der Regel ein Würgegriff, eine Garotte oder ein Dolch, der genau in dem Moment über die Kehle gezogen wurde, als das Opfer durch den Türrahmen oder das Tor ging, ein Moment, in dem die Ausweichbewegung am meisten eingeschränkt war.

Bewusstseins-Übungen und Spiele

Takeda Sensei wurde in der Ära der Samurai geboren und sein Training war streng. Als kleiner Junge schlich er sich von zu Hause weg, um auf aktive Schlachtfelder zu gehen. Er wollte etwas über die Natur des Krieges lernen. Er entdeckte, dass ihn die Krieger auf beiden Seiten ignorierten, weil er ein Junge war, was ihm, in seinen Augen, eine sichere Ausbildung gab. Während er ein junger Erwachsener war, verwandelte sich Japan in ein modernes Land. Die Samurai verloren ihre Stellung in der Gesellschaft und das Tragen eines Schwertes, das Symbol ihrer feudalen Macht, wurde illegal.

Mit einer vereinten, modernen Nation wurde Japan ein extrem sicherer Ort zum Leben, so dass die Krieger aus den alten Tagen begannen, ihre Sicherheitsprotokolle aufzuweichen, aber nicht Takeda Sensei. Bis zu dem Tag, an dem er in seinen Achtzigern starb, weigerte er sich hartnäckig, ein Gebäude vor jemand anderem zu betreten.

Natürlich ist es in unserer modernen Welt höchst unwahrscheinlich, dass du jemals einem Attentäter begegnen wirst, aber für unsere Zwecke ist die Abwehr von Attentatsversuchen nicht der entscheidende Punkt. Der Zweck dieses Spiels ist vielmehr, dich daran zu erinnern, jedes Mal sphärisch aufmerksam und in der bestmöglichen Position zu sein, wenn du dich durch eine Tür oder einen anderen engen Durchgang bewegst.

Aus der Perspektive derjenigen, die bei dir sind, mag es als höflich angesehen werden, wenn du ihnen die Tür öffnest, was auch stimmt, aber höflich zu sein ist nicht der primäre Grund dafür, als Letzter hindurchzugehen. Zu Trainingszwecken können wir alle Türöffnungen, Flure oder andere derartig enge Räume, einschließlich derer zu Hause, als Auslöser nutzen, um uns daran zu erinnern, sphärisch aufmerksam zu sein.

Jedes Mal, wenn du dich an das sphärische Bewusstsein und die strategische Positionierung erinnerst und diese übst, strukturierst du dein Gehirn durch Neuroplastizität um, um leichter auf das sphärische Bewusstsein zugreifen zu können. Lass uns Türen und Durchgänge zu einem Teil deines großen Bewusstseinsspiels machen.

Denke daran: Solange unsere Gesellschaft noch relativ sicher ist, ist es ein Spiel. Es gibt keinen Grund, sich darüber aufzuregen, wer zuletzt geht. Schaue stattdessen, wie oft du in der Lage bist, die Leute sanft dazu zu bringen, vor dir zu gehen. Hab Spaß dabei!

Sitzpositionierung

Du hast gelernt, einen Attentatsversuch erfolgreich abzuwehren, indem du ritterlich als Letzter ein- und ausgehst. Jetzt, wo du über die Schwelle getreten bist, nutze deine sphärische Wahrnehmung, um dir den allgemeinen Aufbau des Gebäudes und die Ausgänge zu merken. Achte darauf, welcher Tisch den sichersten Platz zum Sitzen und Beobachten bietet. Versuche, einen Tisch zu wählen, der die wenigsten Angriffsvektoren hat und gleichzeitig die beste Sicht auf den gesamten Raum bietet.

Mit dem Kriterium der Sicherheit vor Attentaten im Hinterkopf, ist es generell nicht ratsam, neben einem Fenster, einer Tür oder einem Durchgang zu sitzen. Ein Tisch in der Mitte des Raumes, umgeben von anderen Tischen, ist ebenfalls zu vermeiden. Im Allgemeinen bietet ein Tisch in einer Ecke den bestmöglichen Aussichtspunkt, ohne dass du deinen Rücken entblößt. Wenn der ideale Tisch nicht verfügbar ist, suche dir den nächstbesten Tisch, der eine gute Sicht und relativ wenige Angriffsmöglichkeiten bietet.

Wenn du den bestmöglichen Tisch gefunden hast, sieh, ob du deine Gruppe dorthin führen kannst. Auch dies ist ein Spiel, das deine Fähigkeit trainiert, Menschen in Sicherheit zu bringen, ohne dass sie die Hilfe unbedingt erkennen.

Um die Leute dazu zu bringen, sich an den von dir ausgewählten Tisch zu setzen, könntest du einfach erklären, dass du persönliche Verteidigung lernst und dass die Auswahl des sichersten Tisches Teil des Trainings ist. Wenn du diese Information nicht preisgeben willst, könntest du versuchen, den Tisch so zu umrahmen, dass es für die Leute vorteilhaft erscheint. Wenn du z. B. bei einem Date bist, könntest du deinem Partner anvertrauen, dass du einen bestimmten Tisch bevorzugst, weil er sich intimer anfühlt. Ich persönlich ziehe es vor, die Wahrheit zu sagen, weil es mir eine Menge Zeit mit den Leuten erspart. Wenn jemand mein wahres Ich nicht mag, dann hat die Wahrheit uns beiden eine Menge Zeit erspart.

Nachdem du dich an den ausgewählten Tisch begeben hast, wirst du dich auf den für deine imaginären Aufgaben als Beschützer günstigsten Sitzplatz setzen wollen. Dieser Sitz ermöglicht eine optimale visuelle Wahrnehmung des gesamten Raums, während er gleichzeitig eine optimale Bewegung ermöglicht.

Die nächste Überlegung ist die Sitzposition. In der hinteren Ecke eines

Tisches zu sitzen, wäre eine schlechte Idee, weil es deine Handlungsfähigkeit stark einschränkt, was bedeutet, dass du nicht in der Lage bist, andere zu schützen oder zu fliehen, falls erforderlich. Mit Blick auf die Bewegungsfreiheit und den Schutz deiner Mitmenschen solltest du möglichst mit dem Rücken zu einer Wand sitzen, aber am offenen Ende des Tisches, so dass du bei Bedarf leicht aufstehen kannst.

Alternative Ausgänge

Eine weitere Lehre von Sokaku Takeda, die für ein großartiges Spiel sorgt, ist die des Findens alternativer Ausgänge. Wann immer du ein Gebäude betrittst, schaue, ob du einen alternativen Fluchtweg über eine Hintertür oder ein Fenster entdecken kannst. Um dies zu tun, solltest du dir den Innenraum des Gebäudes mental zurechtlegen.

Wenn du z. B. in einem Restaurant sitzt, kannst du dir ein paar Minuten Zeit nehmen, um auf die Toilette zu gehen, sobald sich deine Gruppe platziert hat. Stehe mit sphärischem Bewusstsein auf und gehe zur Toilette, während du den Grundriss des Ortes mental abbildest. Notiere dir alle zu öffnenden Fenster und Türen. Werfe einen Blick in die Küche, um festzustellen, ob es eine Hintertür gibt. Prüfe das Badezimmer auf ein mögliches Fenster, das du als Ausgang nutzen könntest.

Wenn man in diesem Spiel geübt ist, dauert es nicht lange, alternative Ausgänge zu finden. Die Übung hat mich und ein paar Freunde vor einer Bande gerettet, als wir in der High School waren. Im Falle von Unruhen kann diese Fähigkeit dein Leben retten. Bis dahin ist es nur ein Spiel, also hab Spaß daran.

Teil VI

Bewusst leben

Traditionelle Meditation, wie sie im Laufe der Jahrhunderte praktiziert wurde, hat fast ausnahmslos als Rückzug aus dem täglichen Leben existiert. Wir treten jetzt in eine Zeit ein, in der diese Trennung nicht mehr ausreichen wird. Die Menschen sind bereit für die nächste Evolution des Bewusstseins, nämlich lebendiges Gewahrsein.

Wir sind darauf konditioniert worden zu glauben, dass Meditation schwierig sein muss und dass nur einige wenige, spezielle Individuen diesen evolutionären Schritt machen können. Um die Falschheit dieser Vorstellung zu verstehen, wollen wir ein Gleichnis verwenden. Wie ein erwachsener Elefant im Zoo, der mit einem Seil gefesselt ist, das er leicht zerreißen könnte, wenn nur sein Geist nicht durch einen falschen Glauben gefangen wäre, kannst auch du erkennen, dass du ehemals einschränkende Überzeugungen leicht durchbrechen kannst.

Solange du glaubst, dass Meditation schwierig ist, bist du gebunden. Der Elefant kam zu diesem Glauben während seiner Jugend, als er noch nicht so stark war. In diesem Entwicklungsstadium war er mit einer dicken Metallkette gefesselt. Er kämpfte und kämpfte gegen die Kette an, bis er schließlich allen Willen zum Kämpfen aufgebraucht hatte. Dann wurde die Kette verkleinert und schließlich durch ein Seil ersetzt, das er aufgrund der einschränkenden Überzeugung niemals herausfordern würde. Als Erwachsener könnte der Elefant das Seil im Zoo leicht zerreißen, versucht es aber nie, weil er glaubt, dass das Seil unzerstörbar ist.

Da traditionelle Meditationsformen eine enorme Konzentration erfordern, um effektiv zu sein, glauben viele von uns zweifelsfrei, dass wir unser Leben nicht in meditativem Bewusstsein leben können. Solch ein Glaube ist vernünftig, denn wenn du dich auf eine Sache so sehr konzentrieren musst, wärst du nicht in der Lage zu lesen, zu schreiben, zu sprechen oder irgendeine andere der vielen täglichen Lebensfunktionen auszuführen, die einen gewissen Grad an Konzentration erfordern. Vielleicht kannst du, wie dieser Elefant, diese Kette durchbrechen. Du bist bereit, den evolutionären Schritt ins lebendige Bewusstsein zu machen. Vielleicht brauchst du nur ein wenig Training, eine kleine Anleitung, wie du diesen Schritt machen kannst.

Das Leben durch Bewusstheit wird keine große Willenskraft oder Anstrengung erfordern, aber machen wir uns nichts vor, es wird Ausdauer erfordern. Die Art der Beharrlichkeit ist wie die eines Kleinkindes, das laufen lernt. Es fällt immer wieder hin und steht einfach immer wieder auf. Es lernt das Laufen nicht, weil es sich ein Ziel setzt und es erreichen will, wie ein Sportler oder Unternehmer es tut. Das Kleinkind versucht es beharrlich durch die natürlichen Kräfte der Neugierde und des Instinkts. In ähnlicher Weise müssen deine nächsten Schritte aus Neugierde und Instinkt kommen. Bei TEM wird dein größtes Hindernis zum Üben nicht ein Mangel an Willenskraft sein, sondern einfach das Vergessen, tagsüber zu meditieren. Wenn du dich daran erinnern kannst, zu meditieren, ist der Prozess relativ einfach.

In Teil VI werden wir lernen, wie du strategisch Erinnerungshilfen für dein Bewusstsein einrichten kannst, damit du dein Training nicht so leicht vergisst, während du deinem aktiven Alltagsleben nachgehst. Als Nächstes werden wir die wahre Natur der Kraft in deinem Inneren enthüllen, die du bisher zurückgehalten hast, damit du den Krieg in deinem Inneren unterdrücken kannst. Danach erhältst du einen Leitfaden, der dir hilft, jeden Tag Bewusstheit zu verkörpern und der die in diesem Buch vorgestellten Werkzeuge beinhaltet. Schließlich werden wir die Natur des Bewusstseins erforschen und der Sache auf den Grund gehen, wie persönliche Transformation entsteht, während du auf dem Weg voranschreitest.

Kapitel 19

Tägliche Erinnerungen

Eine der größten Herausforderungen bei der Integration von Achtsamkeit in das tägliche Leben ist die Gewohnheit, nicht bewusst zu sein. Solange wir uns nicht daran erinnern, bewusst zu sein, wird das Gewohnheitsmuster unser tägliches Leben kontrollieren. Eine wahre persönliche Transformation kann nicht entstehen, wenn Unbewusstheit der Kapitän deines Lebens ist.

Ich frage die Studenten oft, ob sie an einem durchschnittlichen Tag den Prozentsatz beziffern können, zu dem sie sphärisch bewusst sind. Die meisten Studenten antworten beim ersten Mal, wenn ich diese Frage stelle, zwischen 10 und 20%. Wenn ich denselben Studenten dieselbe Frage drei bis sechs Monate später stelle, geht der Prozentsatz ausnahmslos nach unten, nicht nach oben.

Wenn wir diese Antwort hören, könnten wir entmutigt sein. Obwohl ihre Einschätzung durch die Übung gesunken ist, geschah dies, weil sie erkennen, wie unbewusst sie während des Tages sind, was eine Verbesserung darstellt. Als ich die Frage zum ersten Mal stellte, gingen die Studenten davon aus, dass sie viel bewusster sind, als sie es in der Praxis tatsächlich sind, daher war ihre Einschätzung großzügig hoch.

Tägliche Erinnerungen

Ein einfacher Weg, das Phänomen zu verstehen, ist, darüber nachzudenken, was passiert, wenn der Geist während der Meditation abschweift. Wenn der Geist abschweift, ist das Individuum nicht klar: Zu diesem Zeitpunkt bemerkt es selbst nicht, dass sein Geist abgewandert ist. Erst wenn die Klarheit zurückkehrt, wacht das Individuum aus dem unbewussten Tagtraum auf und bemerkt, dass es nicht bewusst war. Es mag dir dann schwer fallen, zu quantifizieren, wie lange du unbewusst warst, aber zumindest weißt du, dass du eine Zeit lang unbewusst warst.

In ähnlicher Weise werden wir, wenn wir in unserem täglichen Leben klarer werden, mit größerer Wahrscheinlichkeit die Zeitspannen zur Kenntnis nehmen, in denen wir nicht bei Bewusstsein waren. Auch hier erfolgt eine solche Beobachtung erst nach der Rückkehr des Bewusstseins, aber zumindest wird zu diesem Zeitpunkt eine mentale Notiz gemacht, dass es einen Verlust der Klarheit gab.

Als ich die Frage zum ersten Mal stellte, hatten die Studenten keine wirkliche Möglichkeit, sie zu beantworten, weil sie nicht bemerkt hatten, wann sie unbewusst waren. Zu dem Zeitpunkt, an dem ich die Frage erneut stelle, haben die Studenten bereits reichlich Erfahrung damit, den Verlust der Klarheit zu bemerken. Aus den vielen Monaten, in denen sie Lücken im Bewusstsein aufgespürt haben, erkennen sie, dass sie weit weniger bewusst sind, als sie bisher angenommen hatten.

In ähnlicher Weise gehen die meisten Menschen, die nicht auf ihre Luzidität oder deren Fehlen achten, davon aus, dass sie die Kontrolle über ihr Leben haben. Erst wenn sie beginnen ihren Mangel an Bewusstheit zu verfolgen, erkennen sie, dass sie weitgehend nicht in der Kontrolle über ihr Leben sind. Wenn sie eine Bilanz der Luzidität ziehen, erkennen sie, dass sie fast vollständig in einem zwanghaften Traum von Vergangenheit und Zukunft feststecken - einem Traum von ihrer Identität.

Du fragst dich vielleicht, was ich mit einem Traum von Identität meine. Wenn du einen Ort erweiterter, entspannter Klarheit erreicht hast, wirst du feststellen, dass du während dieser Luzidität nur das Bewusstsein des Augenblicks hast. Im Gewahrsein gibt es keine Gedanken darüber, wer man ist, woher man kommt, welche ethnische Zugehörigkeit man hat, welche Kultur, welche Ideologie, welchen Glauben man hat und so weiter. Es gibt nur das Gewahrsein dessen, was in diesem Augenblick geschieht. Der Geist und damit die Identität ist also ruhig. Im Gegensatz dazu treibt der Traum von Identität den Geist in zwanghaftes Denken über Vergangenheit und Zukunft. In jedem Fall gibt es wenig oder keine Kontrolle, wenn wir im Traum der Identität gefangen sind.

Der Schlüssel zur inneren Freiheit ist, sich daran zu erinnern, während des Tages Gewahrsein zu üben. Die Frage ist, wenn wir im Traum der Zeit feststecken, wie wir es fast immer tun, wie können wir uns daran erinnern, Gewahrsein zu üben? Genau das soll dir der Inhalt dieses Kapitels zeigen.

Wenn du die Werkzeuge dieses Kapitels in dein tägliches Leben einbaust, wirst du dich öfter erinnern und das wird dir helfen, aus dem Traum auszubrechen, so dass du das Bewusstsein öfter erleben kannst, als du es sonst tun würdest.

Zeit-Erinnerungen

Eine meditative Erinnerung ist etwas, das du in der physischen Welt wählst, um dir zu helfen, zu Bewusstsein und Präsenz zurückzukehren. Damit die Erinnerung funktioniert, musst du einen neuronalen Pfad nutzen, der dich daran erinnert und du musst der Erinnerung folgen, um meditativ bewusst zu sein.

Ein großartiges Beispiel für eine Erinnerung ist eine Uhr. Als ich in Japan Lehrer an einer Mittelschule war, musste ich während einer Unterrichtsstunde mehrmals auf die Uhr schauen, um das Tempo zu bestimmen, also wurde sie für mich zur perfekten Erinnerung.

Jedes Mal, wenn ich auf die Uhr schaute, wurde ich mir sphärisch bewusst. Da ich pro Lektion mehrmals auf die Uhr schauen musste und ich im Durchschnitt vier Lektionen pro Tag hatte, summierte sich das zu einer Menge Erinnerungen und einer Menge Meditationszeit.

Als ich im Lehrerzimmer war, nutzte ich die Zeitanzeige auf meinem Computer und die Uhr an der Wand zur Erinnerung. Jedes Mal, wenn ich einen Zeitmesser sah, versuchte ich, mir einen Moment Zeit zu nehmen, um in ruhiges sphärisches Bewusstsein zu wechseln. Das solltest du auch tun.

Damit die Erinnerungsfunktion funktioniert, ist es wichtig, dass du zunächst deinen Verstand so programmierst, dass er dich jedes Mal daran erinnert, wenn du die Uhrzeit überprüfst. Gehe dazu wie folgt vor:

Tägliche Erinnerungen

1. Schaue auf die Uhrzeit. Gehe in ein entspanntes, sphärisches Bewuststsein über und halte es aufrecht, bis du das Gefühl hast, in einem meditativen Zustand zu sein.
2. Sobald du das Gefühl hast, dass du dich in einem meditativen Zustand befindest, schaue von der Uhr weg und fokussiere deinen Geist absichtlich, um in einen nicht-meditativen Zustand zurückzukehren.
3. Schaue wieder auf die Uhrzeit und wechsle zurück ins sphärische Bewusstsein.
4. Wenn du meditiert hast, schaue weg und fokussiere den Geist, um wieder in eine fokussierte Beta-Gehirnwelle zu kommen.
5. Wiederhole den Vorgang mindestens 5-10 Mal.

Sobald du glaubst, dass du deine Erinnerung erfolgreich eingestellt hast, musst du sie testen, um sicher zu sein, dass sie funktioniert. Um die Erinnerung zu testen, vergiss die Meditation und gehe deinen üblichen, täglichen Aktivitäten nach. Wenn die Erinnerung funktioniert, wirst du beim nächsten Mal, wenn du auf die Uhr schaust, an die Meditation denken. Wenn die Erinnerung fehlgeschlagen ist, bedeutet das, dass du ein wenig mehr Zeit darauf verwenden musst, die Erinnerung in deinen Geist zu programmieren.

Sobald eine Erinnerung programmiert ist, musst du die Assoziation aufrechterhalten, damit die Erinnerung weiter funktioniert. Selbst wenn du nur kurz meditieren kannst, wenn du die Zeit siehst, solltest du wissen, dass diese Zeit dein Gehirn dazu anregt, sich neu zu programmieren, um von nun an eine größere Leichtigkeit im Bewusstsein zu ermöglichen. Wenn du nicht meditierst, während du die Zeit siehst, dann machst du die Assoziation rückgängig.

Asymmetrie-Erinnerungen

Eine meiner Studentinnen, Barbara, hat eine raffinierte Erinnerungsstrategie entwickelt, die ich gerne mit dir teilen möchte. Sie begann geschickt damit, Dinge in ihrem Haus so zu verändern, dass sie als Erinnerung dienen konnten. So stellte sie zum Beispiel eine Vase auf den Kopf, so dass ihr die Vase ins Auge fiel, wenn sie den Raum betrat und sie daran erinnerte, zu meditieren. Das Gleiche kannst du mit Bildern machen, indem du eines absichtlich so kippst, dass es dir ins Auge fällt. Jedes Mal, wenn du es siehst, wirst du daran erinnert, zu meditieren.

Du könntest die Positionierung und Richtung der Möbel leicht verändern, so dass die Asymmetrie deine Aufmerksamkeit auf sich zieht. Das ist eine gute Erinnerung. Jedes Mal, wenn du die Asymmetrie bemerkst, wirst du meditieren. Wenn du andere Menschen im Haus hast, die nicht wollen, dass du die Dinge auf diese Weise durcheinander bringst, versuche, die Änderungen so subtil zu machen, dass du sie bemerkst, aber sie nicht. Genau diese Absicht wird dich dazu bringen, extrem subtile Veränderungen zu bemerken.

Wenn du eine winzige Asymmetrie nicht ertragen kannst, nimm zur Kenntnis, dass die innere Kraft, die sich gestört fühlt, nicht mit dem entspannten, sphärischen Bewusstsein übereinstimmt. Schaue, ob du den Widerstand durch Exposition verringern kannst, ähnlich wie du gelernt hast, eine kalte Dusche zu akzeptieren. Wenn du eine allmähliche Annäherung brauchst, um den Widerstand gegen Asymmetrien in deinem Haus zu überwinden, wirst du vielleicht winzige Asymmetrien nutzen, die du bemerkst, die dich aber nicht so sehr stören. Wenn du die Akzeptanz einer kleinen Asymmetrie erreichst, kannst du die Asymmetrie als Herausforderung absichtlich vergrößern. Lenke deinen Geist und Körper mit Bewusstheit.

Asymmetrie-Spiel

Wenn du einen Partner hast, der bereit ist, dich bei deinem meditativen Prozess zu unterstützen, dann kannst du ein Spiel daraus machen, indem du ihn jeden Tag etwas anderes im Haus verändern lässt, ohne dir jedoch bis zum Ende des Tages zu sagen, was verändert wurde.

Als Teil des Spiels weißt du, dass etwas verändert wurde und dieses Wissen wird dich dazu inspirieren, danach Ausschau zu halten. Allein die Neugierde wird dich daran erinnern, mehr zu meditieren und wenn du die Veränderung findest, wirst du natürlich auch meditieren, während du das Ungleichgewicht korrigierst.

Überprüfe am Ende des Tages mit deinem Partner, ob du die richtige Sache, die geändert wurde, bemerkt hast. Das Feedback, das du bekommst, wird dir helfen, deinen Fortschritt bei der Bewusstheit zu messen.

Tägliche Erinnerungen

Wenn du nicht bemerkst, was geändert wurde, musst du die Änderungen etwas offensichtlicher machen. Wenn du leicht bemerkst, was sich geändert hat, dann solltest du die Änderungen ein wenig subtiler machen. Du willst ganz am Rande deiner Wahrnehmungsfähigkeiten sein, damit du ständig neu herausgefordert wirst.

Wenn dein Partner freundlicherweise Dinge im Haus herumschiebt, um dich an die Meditation zu erinnern, dann solltest du jedes Mal, wenn du die Veränderung findest, unbedingt meditieren, auch wenn es nur kurz ist und dann das Erinnerungsobjekt wieder an seinen ursprünglichen Platz zurückschieben. Wenn du die Position des Objekts nicht korrigierst, wird dein Haus bald völlig unordentlich sein, was nicht hilfreich wäre.

Kapitel 20

Das Herz des Chaos

Die meisten von uns denken, wenn sie an Chaos denken, an die unvorhersehbare, sich verändernde Welt um uns herum. Wir verstehen, dass wir Menschen, um zu überleben, uns entweder an unsere Umwelt anpassen müssen oder versuchen müssen, unsere Umwelt so zu kontrollieren, dass sie zu uns passt. Natürlich beeinflussen alle Tiere, durch ihre bloße Existenz, ihre Umwelt, aber sie tun dies ohne einen Plan.

Das soll nicht heißen, dass Tiere keine Fähigkeit zum Planen haben. Einige Tiere demonstrieren eindeutig die Fähigkeit, zu planen und strategisch vorzugehen. Krähen, Raben und Elstern zum Beispiel können einen Stock aufheben und ihn so gestalten, dass er Ameisen aus einem Ameisenhaufen herausfischt. Diese Abfolge von Handlungen scheint die Fähigkeit zu demonstrieren, eine Strategie zu planen und ein Werkzeug herzustellen, um diese Strategie auszuführen. Diese Vögel scheinen Werkzeuge bewusst herzustellen. Wir können ähnliche Fähigkeiten bei Affen und Menschenaffen beobachten. Wahrscheinlich haben viele Tiere ein gewisses Maß an bewusstem strategischem Denken.

Unsere Fähigkeit, unsere Umwelt zu planen und zu gestalten, übersteigt jedoch den Rest des Tierreichs weit. Aber selbst mit unseren unglaublichen

Fähigkeiten zur Planung und Ausführung können sich die meisten von uns kein einfaches Ziel zur Selbstverbesserung setzen und es für mehr als ein paar Wochen verfolgen. Wie kommt es, dass wir unsere äußere Umgebung fast vollständig verändern können, aber scheinbar unfähig sind, unser Innenleben zu verbessern?

Die Antwort ist, dass es eine innere Kraft in dir gibt, die sich nicht verändern will, die sich nicht verbessern will, die nicht will, dass du dein wahres Potenzial erreichst. Diese innere Kraft ist dein größter Feind, getarnt als dein größter Verbündeter. Wir werden diese Kraft „Der Betrüger" nennen.

Der Betrüger ist das wahre Herz des Chaos in deinem Leben. Der Betrüger spricht verführerisch durch ungesunde Vermeidungen, Triebe und Zwänge, die wir vielleicht mit einiger Regelmäßigkeit jeden Tag erleben.

Woher kommt diese Stimme? Wo ist ihr Sitz? Wenn du diesen Sitz finden kannst, würdest du den Betrüger dort sitzen sehen. Wenn du den Betrüger gefunden hast, könntest du ihn an dich reißen und deinen rechtmäßigen Platz als Autorität in deinem Leben einnehmen? Wenn du das könntest, dann könntest du dir ein weises Ziel setzen und es ohne Zögern oder inneren Widerstand durchziehen. Wenn das geschähe, würde der innere Krieg enden und du wärst in Frieden.

Hast du den Betrüger in deinem Leben schon bemerkt? Wenn nicht, willst du ihn überhaupt bemerken? Wenn du ihn noch nicht sehen willst, ist das in Ordnung. Mit etwas Übung wirst du irgendwann natürlich bereit sein, ihn zu bemerken und dann kannst du dieses Kapitel wieder aufschlagen.

Entdeckung des Betrügers

Wenn du dir des Betrügers bewusst werden möchtest, kannst du hier den ersten Schritt zu einer kraftvollen Transformation machen.

Die meisten Menschen, die mit der TEM-Kaltduschmethode trainieren, bemerken irgendwann ein merkwürdiges Phänomen. Auch du wirst es wahrscheinlich bald bemerken. Nach einigen Wochen oder Monaten täglichen Übens wirst du feststellen, dass du das kalte Duschen mehr genießt als das warme Duschen. Die Tatsache, dass kaltes Duschen angenehmer wird als warmes Duschen, ist schon seltsam genug, aber es gibt noch etwas Seltsameres, das du vielleicht bemerken wirst. Und zwar folgendes.

Obwohl du kalte Duschen mehr genießt als warme Duschen, bemerkst du im Vorfeld deiner täglichen Dusche, dass es immer noch eine Art inneren Widerstand dagegen gibt, kalt zu duschen. Es ist eine verblüffende Erfahrung, denn es ist, als gäbe es zwei „Ichs". Ein Ich scheint die kalten Duschen zu genießen und möchte sich in Richtung einer besseren Lebensqualität bewegen, indem es gesunde Herausforderungen und Verantwortungen annimmt. Dieses Ich ist erfrischend und inspirierend. Das andere „Ich" scheint die kalten Duschen aus Gründen zu hassen, die nicht sofort offensichtlich oder rational sind.

Aus wiederholter Erfahrung weißt du, dass du die kalten Duschen genießt, während du sie erlebst. Warum sollte es also einen Widerstand geben, bevor du beginnst? Und warum scheint dieser Widerstand zu verschwinden, sobald das kalte Wasser auf deine Haut trifft? Er verschwindet nicht nur, sondern wird bei vielen Menschen durch ein lebhaftes Bewusstsein und eine gewisse Freude ersetzt.

Was zum Teufel erzeugt den Widerstand? Das ist die Frage!

Dies ist eine der wichtigsten Fragen, die du dir überhaupt stellen kannst, denn wenn du diese Frage erforschst und die Antwort in deinem eigenen Körper erkannt hast, hast du die Kraft in dir entdeckt, die dich zurückhält. Du hast die Ursache für deine Unwissenheit und dein Leiden entdeckt. Du hast das entdeckt, was alle wahren Weisen entdecken. Und sobald du diese Kraft transzendiert hast, findest du Harmonie im Inneren.

Kannst du die Natur des Betrügers definieren? Weißt du, was es ist?

Den Betrüger umwandeln

In alten Zeiten versuchten die Menschen, böse Geister zu exorzieren. Das mag eine verlockende Idee sein und vielleicht möchtest du den Betrüger auf ähnliche Weise loswerden. Ich schlage jedoch vor, dass dieser Ansatz nicht so produktiv sein wird, denn den Betrüger zu entfernen wäre so, als würde man die Hälfte deines Gehirns herausschneiden. Anstatt ihn zu entfernen, ist es besser, ihn zu transformieren, diesen umstrittenen Teil des Selbst zu deinem größten Verbündeten im Dienste der Lebensverbesserung zu

Das Herz des Chaos

machen, wozu er ja schließlich auch gedacht ist.

Wenn du das nächste Mal in die Dusche steigst, stelle dich vor den Duschknopf direkt unter dem Duschkopf und schaue ihn mit der Absicht an, ihn auf die kälteste Einstellung zu drehen, während du auf irgendwelche Anzeichen des Betrüger achtest. Achte auf jede Anspannung, jedes Zögern, jede Unruhe oder andere negative Gefühle. Achte darauf, ob du irgendeine Beunruhigung spürst, egal wie klein sie ist. Die Gefühle können so einfach sein wie eine Anspannung im Atem, das Einnehmen einer bestimmten Haltung oder sogar ein vorbereitender Atem. All das kann von dem Betrüger kommen, der die Illusion erzeugt, dass die kalte Dusche unangenehm sein wird, obwohl du weißt, dass sie es nicht ist.

Sobald du die Anzeichen des Betrügers bemerkst, versuche herauszufinden, wo er im Körper zentriert ist. Die meisten Menschen werden feststellen, dass er sich in der Mitte des Zwerchfells befindet, einem Muskel, der deine Atmung kontrolliert. Er wölbt sich direkt unter deinem Brustbein und unterhalb des Brustkorbs an der Vorderseite deines Körpers.

Schaue immer noch auf den Duschkopf, bereit, die Dusche einzuschalten, nimm das Gefühl wahr und lokalisiere es, indem du die Stelle mit deiner Fingerspitze berührst. Sobald du das getan hast, drehe das Wasser auf, mit dem Ziel, Angst, Furcht und Negativität zu lindern und loszulassen. Bleibe so lange unter dem Duschkopf stehen, bis die Angst verschwunden ist, was bei den meisten Menschen fast sofort der Fall sein wird. Schalte die Dusche aus und bleibe noch 15 oder 20 Sekunden dort stehen.

Schaue als Nächstes wieder auf den Duschkopf, mit der Entschlossenheit, eine zweite Runde zu drehen. Achte darauf, ob es ein Zögern oder eine Unruhe gibt. Wenn das der Fall ist, lege deinen Finger auf die Stelle, an der du sie im Körper spürst. Sobald du sie berührst, stelle die Dusche wieder an, um eine weitere Runde zu duschen. Lasse allen Widerstand los, bis du breit lächelst. Wiederhole diesen Vorgang immer und immer wieder, bis jegliches Zögern absolut verschwunden ist.

Wenn du Zittern oder andere Anzeichen von Unterkühlung feststellst, wie sie in Kapitel 17 aufgelistet sind, mache lieber Schluss, aber mit der Entschlossenheit, den gleichen Vorgang am nächsten Tag zu wiederholen.

Versuche am nächsten Tag, wenn du deine kalte Dusche nimmst, die Ein-Atem-Richtlinie zu befolgen, wie sie in Kapitel 14 zu finden ist. Die Grundidee ist, dass du außer der Meditation und dem Ausziehen deiner

Unerschütterliche Bewusstheit

Kleidung keine weiteren vorbereitenden Schritte unternimmst. Tritt innerhalb eines Atemzugs nach dem Betreten der Dusche direkt unter den Duschkopf und schalte ihn ohne jegliche Anspannung ein.

Wenn du jeden Tag ein bisschen weniger an die negative Macht des Betrügers gebunden bist, beginnt sich dein Leben enorm zu verbessern. Achte darauf, dass du keine negative Einstellung gegenüber dem Betrüger entwickelst, denn Verurteilung ist eine Haltung des Betrügers. Wenn Verurteilung dich motiviert, sei dir bewusst, dass du wieder einmal betrogen wurdest. Fühle dich deswegen aber nicht schlecht, denn dieses Gefühl hilft dir nicht weiter, ein weiteres Zeichen des Betrügers. Er ist ein Genie in seinen Spielen und du wirst ihn nicht überlisten können. Natürlich kannst du es gerne versuchen. Ich für meinen Teil, habe das oft genug versucht.

Weiche jeglicher Negativität aus, kehre zum sphärischen Bewusstsein zurück und bewege dich mit einem sanften Lächeln vorwärts. Das ist der We.

Kapitel 21

Tägliche Verkörperung

Viele von uns haben so viel Unordnung in unserem physischen, emotionalen und mentalen Leben, dass wir einfach nicht wissen, wo wir anfangen sollen, Korrekturen vorzunehmen. Wenn wir uns all die Bereiche unseres Lebens ansehen, die aus dem Gleichgewicht geraten sind, fühlen wir uns vielleicht überfordert, besonders wenn wir daran denken, wie lange es dauern könnte, diese Korrekturen umzusetzen. Der Blick auf das große Ganze mag nicht sehr ermutigend sein. Die gute Nachricht ist aber, dass du nicht dein ganzes Leben korrigieren musst. Alles, was du tun musst, ist, deinen Tag nach vier grundlegenden Richtlinien zu gestalten - was ist notwendig, hilfreich, erfüllend und sinnvoll?

Wie du wahrscheinlich bemerkt hast, macht ein Mangel an Bewusstheit dich anfällig für Triebe und Zwänge. Achtsamkeit führt dich zu dem, was nach deiner eigenen Definitionen notwendig, hilfreich, erfüllend und sinnvoll ist. Der Schlüssel zur Verkörperung von Bewusstheit im täglichen Leben liegt nicht darin, dein gesamtes Leben heute zu korrigieren, sondern einfach nur darin, den heutigen Tag richtig zu gestalten. Wenn du heute ein Stück mehr nach diesen Richtlinien lebst, dann machst du Fortschritte. Natürlich werden sich deine Definitionen dieser vier Kriterien mit zunehmendem Bewusstsein im Laufe der Zeit verändern und verfeinern. Mit zunehmender Erfahrung wirst du feststellen, dass einige der Dinge, von denen du dachtest, sie seien erfüllend, sinnvoll, hilfreich und notwendig, die Kriterien nicht mehr erfüllen. Die Verfeinerung deiner Kriterien ist ein natürlicher Teil des Bewusstseinsprozesses. In dem Maße, wie sich deine Kriterien verfeinern, nimmt auch dein Bewusstsein zu.

Um deinen Tag richtig zu gestalten, musst du den Moment richtig gestalten, was ein wenig Bewusstsein erfordert. Dieses Kapitel bietet dir eine grundlegende Vorlage, die dir hilft, mehr deiner Momente richtig zu nutzen, was dir dann hilft, deinen Tag, entsprechend deiner eigenen Definitionen, in die richtige Richtung zu lenken.

Wach auf!

Wenn du morgens aufwachst, ist dein Kopf dann klar oder befindest du dich in einem anhaltenden, mentalen Nebel? Springst du sofort aus dem Bett oder drückst du auf die Schlummerfunktion deines Weckers und drehst dich noch einmal um, in der Hoffnung auf ein wenig mehr Schlaf? Die meisten von uns machen ausgiebig Gebrauch vom Schlummern und sind nach dem Aufwachen für den größten Teil der ersten Stunde in einem etwas benommenen Zustand. In Anbetracht unseres Lebensstils ist diese Tendenz verständlich.

Wenn du ein Samurai wärst, wäre der verlängerte, neblige Zustand für dich dann akzeptabel? Wenn du ein Jäger und Sammler wärst, wäre dieser Zustand hilfreich für dein Überleben und das deines Stammes? Ich hoffe, du hast diese Fragen mit "Nein" beantwortet.

Instinktiv wissen wir, dass die Schlummertaste und der Morgennebel nicht mit einem verbundenen Leben vereinbar sind. Wenn wir ein wenig über unseren benommenen Zustand nachdenken, können wir leicht erkennen, dass er daraus resultiert, dass wir von den Zwängen der Natur isoliert sind. Jedes wilde Tier, das einem solchen unverbundenen, unbewussten Muster folgt, wird wahrscheinlich nicht lange genug überleben, um sich fortzupflanzen.

Der moderne Mensch ist das Ergebnis von Milliarden von Jahren der Evolution, die Fortsetzung einer Genetik, die allen Druck des Lebens lange genug überlebt hat, um sich erfolgreich fortzupflanzen. Die Tatsache, dass du in diesem Moment am Leben bist, ist das Ergebnis der erstaunlichsten Lotterie, die jemals gespielt wurde.

Der Wissenschaftler Dr. Ali Binazir hat ein Gedankenexperiment durchgeführt, das die Chancen deiner Existenz auf unterhaltsame Weise beleuchtet (Spector). Obwohl es keine Möglichkeit gibt, sich seiner Zahlen sicher zu sein, sollte das Experiment dich dazu bringen, dein Leben etwas weniger als selbstverständlich zu betrachten.

Dr. Binazir beginnt mit der Annahme, dass die Chance, dass sich deine Eltern trafen, eins zu 20.000 war, denn 20.000 ist ungefähr die Zahl an Frauen, der ein durchschnittlicher Mann im Laufe seines 25-jährigen Lebens begegnen kann. Die nächste Annahme ist, dass sich deine Eltern, nachdem sie sich kennengelernt haben, lange genug aneinander gebunden haben, um dich zu bekommen, eine Chance, die Dr. Binazir auf eins zu 2000 schätzt. Kombiniert man diese beiden Berechnungen, liegt die Chance, dass wir existieren, bei eins zu 40 Millionen, in der Tat eine kleine Chance, aber er geht noch weiter.

Dr. Binazir schätzt dann, dass die durchschnittliche Frau etwa 100.000 Eizellen hat und der durchschnittliche Mann etwa vier Billionen Samenzellen produziert. Er rechnet vor, dass die Wahrscheinlichkeit, dass das eine richtige Spermium auf die eine richtige Eizelle trifft, die dich hervorbringen würde, bei eins zu vier Billiarden liegt oder 4.000.000.000.000.000.

Anhand dieser Zahl scheint deine Existenz ein Wunder unter den Wundern zu sein, aber dennoch ist die Zahl zu klein, denn diese Zahl berücksichtigt nur, dass sich deine Eltern getroffen und fortgepflanzt haben. Sie übersieht die vier Milliarden Jahre evolutionärer Generationen, die dir vorausgingen und bis zum ersten Einzeller zurückkreichen, die alle die geringste Chance hatten, genau die Kombination von genetischem Material weiterzugeben, die erforderlich war, damit du überhaupt geboren werden konntest.

Vielleicht bist du mit diesen Schätzungen nicht einverstanden. Du denkst vielleicht, dass die Chancen, dass sich deine Eltern treffen, nur halb so groß waren, wie von ihm geschätzt (10.000) und dass die Chancen, dass sie sich fortpflanzen, ebenfalls halb so groß waren (1000), aber selbst wenn man die Zahlen halbiert, wären deine Chancen, zu existieren, ungefähr 1 zu 100 Millionen. Und das nur, solange wir nur eine Generation in Betracht ziehen.

Um ein Gesamtbild zu erhalten, müssen wir die vier Milliarden Jahre der Evolution mit einbeziehen, in denen dieselben Chancen die Existenz jeder einzelnen Generation bis zu deiner Geburt beeinflusst haben. Die endgültige Zahl, auf die Dr. Binazir kam, ist 1 zu 10 hoch 2.685.000, eine Zahl, die alle geschätzten Atome des gesamten Universums weit übersteigt, die auf 10 hoch 80 geschätzt wird.

Wie hängen die Chancen deiner Geburt mit dem Aufwachen am Morgen zusammen? Deine Existenz beruht darauf, dass alle Generationen, die zu unserer modernen, sicheren Welt geführt haben, nicht vernebelt aufgewacht sind. Mit Klarheit aufzuwachen ist eine genetische Priorität für das Überleben. Wenn du völlig verschlafen aufwachst, wirst du im Laufe des Tages unweigerlich viel mehr Angst, Frustration und Schwäche empfinden, weil dein Nervensystem aus dem Gleichgewicht geraten ist. Es weiß instinktiv, dass es genetischer Selbstmord ist, wenn man sich in einem andauernden Nebel befindet.

Die Frage ist: Wie wachen wir mit glasklarem Verstand auf, bereit, es mit dem Möchtegern-Attentätern im Zimmer aufzunehmen oder mit der Aufgabe, die Kinder pünktlich und harmonisch für die Schule fertig zu machen oder das Geschäftstreffen bestmöglich zu erledigen? Die Antwort: Wir brauchen eine starke Motivation, um sofort nach dem Aufwachen aufzustehen.

Betrachte zum Beispiel ein Eichhörnchen: Wenn es die Möglichkeit hätte, jeden Tag auszuschlafen und trotzdem genug Futter zu haben, würde es wahrscheinlich auch auf "Schlummern" drücken, wenn es könnte. Die Natur liefert die Motivation für die Wachsamkeit der anderen Tiere. Wenn du in einer Schutzhütte mitten im Wald leben würdest, dann wärst du genauso hellwach wie ein Eichhörnchen.

Da du nicht über die natürlichen Kräfte verfügst, die dich aufwecken, musst du selbst für die Motivation sorgen. Denke an eine Zeit in deinem Leben, in der du blitzschnell aus dem Bett gesprungen bist. Die Chancen stehen gut, dass dir in dem Moment, in dem du aufgewacht bist, etwas Wichtiges eingefallen ist, das sofort erledigt werden musste. Glücklicherweise konntest du deinen Instinkt nutzen, um pünktlich und munter aufzuwachen.

Hier ist ein Spiel, das du spielen kannst und das dir helfen wird, in Samurai-Manier aufzuwachen. Schlafe mit der Absicht ein, dir das folgende Szenario vorzustellen, sobald du aufwachst: Es ist ein Fremder im Zimmer und du musst sofort aufstehen, um dich und deine Familie zu schützen.

Je lebhafter du die Absicht in der Nacht zuvor formulieren kannst, desto lebhafter wird sie dir beim Aufwachen in den Sinn kommen. In den ersten paar Nächten, in denen du dies versuchst, wirst du dich beim Aufwachen vielleicht nicht an das Szenario erinnern, aber nach mehreren Nächten, in denen du mit dieser Absicht einschläfst, wird es passieren.

Wenn du es nicht magst, dir einen Einbrecher vorzustellen, kannst du andere Methoden ausprobieren. Die Grundidee ist, eine Art Lebensstruktur zu schaffen, die dich morgens aus dem Bett bringt, einen detaillierten Aktionsplan für die erste Stunde deines Tages. Ich persönlich finde, dass das Unterrichten von online geführten TEM-Meditationen jeden Morgen eine starke Motivation für ein schnelles Aufwachen ist. Als Autor, der seinen Zeitplan selbst bestimmt, könnte ich ohne eine solche Verpflichtung leicht aufstehen, wann immer ich wollte, was sich negativ auf meine Gesundheit und mein Bewusstsein auswirken und die Gesamtqualität meines Tages ruinieren würde.

In Abwesenheit der Überlebensanforderungen der Natur müssen wir einen starken Zweck haben, um aufzustehen. Wenn du diesen nicht von Natur aus hast, musst du einen konstruieren. Wenn du erst einmal in das Muster des frühen und scharfen Aufstehens hineingewachsen bist, ein Muster, das mehrere Wochen dauern kann, um sich zu verinnerlichen, wird sich dein Körper den ganzen Tag über vergleichsweise besser fühlen. Du wirst gesünder sein und wahrscheinlich nachts besser schlafen, was dir wiederum helfen wird, klar im Kopf und bereit für Aktivitäten aufzuwachen.

Wenn alles andere fehlschlägt, stelle dir zumindest deinen Wecker außer Reichweite, so dass du aus dem Bett aufstehen musst, um ihn auszuschalten. Wenn die Schlummeroption einfach erreichbar ist, könnte sie sich für dein untrainiertes Morgen-Ich als zu verlockend erweisen.

Das Badezimmer

Sobald du aus dem Bett aufgestanden bist, erlaube dir nicht, wieder hineinzugehen. Gehe stattdessen direkt ins Bad, um deine Blase zu entleeren und meditativ mit deinem Lehrer, der Kälte, zu kommunizieren.

Wenn du mit dem Urinieren fertig bist, öffne ein Fenster, um die frische Luft hereinzulassen. Spüre und rieche in einem meditativen Zustand die Frische der Luft. Beobachte die Welt um dich herum.

Wenn du einige Primärgeräusche üben willst, solltest du das Fenster vielleicht wieder schließen, damit du deine Nachbarn nicht störst.

Nimm deine kalte Dusche oder dein Bad in einem meditativen Zustand. Lächle.

Verlassen des Badezimmers

Verlasse das Badezimmer in einem Zustand sphärischen Bewusstseins. Fühle dein Zuhause und nutze deinen Röntgenblick.

Bewege dich lautlos und bewusst, als ob du nach einem Eindringling suchen würdest. Versuche zu erkennen, wo deine Familienmitglieder sind und was sie tun, bevor du sie physisch siehst. Mach dir einen Spaß daraus.

Wenn du ein Kaffee- oder Teetrinker bist, dann versuche, nicht stumpfsinnig herum zu stehen und zu starren, während das Getränk brüht, eine unglaubliche Zeitverschwendung. Achte stattdessen auf den gesamten Raum um dich herum, während du etwas Produktives tust.

Ziehe in Erwägung, dich vom Koffein zu entwöhnen, damit du nicht mehr auf eine Substanz angewiesen bist, um aufzuwachen. Auch ich liebe Kaffee.

Der Tag

Gehe durch deinen Tag und achte auf die von dir gesetzten Erinnerungen. Jedes Mal, wenn du dich spontan an die Meditation erinnerst oder eine Erinnerung bemerkst, dann achte darauf, dir sphärisch bewusst zu werden, wenn auch nur für eine Minute.

Wann immer du in das sphärische Bewusstsein eintrittst, schaue, ob du die Anstrengung, die der Übergang erfordert, verringern kannst und ob du diesen Zustand etwas länger aufrechterhalten kannst.

Achte im Laufe deines Tages auf den Betrüger, der rechtfertigt, verzögert, vermeidet, kritisiert und verurteilt. Jedes Mal, wenn du diese Energie bemerkst, kehre zum sphärischen Bewusstsein zurück.

Einschlafen

Ziehe Bilanz über deinen Tag, bevor du ins Bett gehst. Welche Triebe und Zwänge hast du erlebt? Hast du ihnen nachgegeben oder nicht? Was, wenn überhaupt, hast du getan, das dich beschäftigt hat, aber nicht sinnvoll war? Hast du an irgendwelchen nicht hilfreichen Gewohnheiten und ablenkenden Bequemlichkeiten teilgenommen? Solche Aktivitäten sind nicht aus dem Bewusstsein geboren.

Mache einen Plan, um mehr von dem zu tun, was nach deinen eigenen Definitionen erfüllend und sinnvoll, hilfreich und notwendig ist und nicht zwanghaften Bequemlichkeiten entspricht. Komfort hat seine Zeit. In angemessenem Maße ist Komfort notwendig und sinnvoll, aber Komfort sollte nicht dein Leben bestimmen.

Hast du all die Dinge erreicht, die du dir vorgenommen hast? Stelle diese Frage ohne Scham, Schuldgefühle oder Vorwürfe, denn diese Energien sind nicht aus dem Bewusstsein geboren und werden daher deinen wohlwollenden Zielen für ein besseres Leben nicht dienen.

Nachdem du deinen Tag reflektiert hast, setze dir das Ziel, mit Klarheit und Energie aufzuwachen und ein wenig mehr Zeit im Bewusstsein zu verbringen als heute. Halte dein Training leicht und spielerisch. Mache diesen Prozess zu einem Abenteuer. Nimm das Ganze nicht zu ernst.

Kapitel 22

Umwandlung

Wenn wir die Stabilität unserer meditativen Praktiken unter Druck testen, wie wir es beim TEM-Training tun, wird etwas Seltsames geschehen. Anfänglich mögen die Herausforderungen unmöglich erscheinen, aber mit Beharrlichkeit entdecken wir bald, dass sich die Qualität unseres Lebens zu verbessern beginnt. Wir sehen, dass wir mehr Energie haben, inspirierter sind und mehr schaffen. Einfach gesagt, wir fühlen uns besser und dieses positive Gefühl scheint sich auf die Welt um uns herum auszudehnen.

Bei wiederholtem Üben über einen Zeitraum von einigen Monaten werden die meisten Praktizierenden feststellen, dass sie alle primären Laute ohne merkliches Schwanken produzieren können - A, I, U, E, O, M und N. Zu diesem Zeitpunkt genießen die meisten Menschen kalte Duschen so sehr, dass sie ihre Körper in kalten Duschen waschen und heißes Wasser nur zum Waschen ihrer Haare verwenden.

Gewöhnlich sind Menschen innerhalb eines Monats nach dem kalten Duschen bereit, die Meditation des visuellen Bewusstseins unter der Dusche zu testen und kurz darauf auch das sphärische Bewusstsein. Schließlich bemerken sie den Betrüger und beginnen daran zu arbeiten, die Angst, die diese innere Kraft antreibt, zu erweichen und loszulassen.Mit Beharrlichkeit

Umwandlung

wird es nicht lange dauern, bis du in der Lage bist, mit relativer Leichtigkeit zu meditieren, wo auch immer du dich befindest. Du wirst sogar beim Gehen, beim Laufen oder bei anderen, anstrengenden Aktivitäten meditieren können. Achtsamkeit wird ein integraler Bestandteil deines täglichen Lebens. Am wichtigsten ist, dass du mit einem Lächeln auf dem Gesicht aufwachst und schlafen gehen kannst, weil du dich einfach gut fühlst.

Im Verlauf des Trainings wirst du wahrscheinlich bemerken, dass du aufhörst Dinge aufzuschieben, die getan werden müssen, denn du siehst, dass du jedes Mal, wenn du etwas Notwendiges vermeidest, eine Art psychische Schuld anhäufst und diese Schuld belastet dich. Wenn du den Preis bemerkst, den du für das Aufschieben zahlst, fängst du an, dich sofort um die Dinge zu kümmern, was deinen Geist befreit.

Wenn der Geist von psychischen Schulden befreit ist, hast du Zugang zu mehr Energie und Inspiration, was dich natürlich dazu bringt, dich Ängsten, Traumata und anderen inneren Blockaden zu stellen, die dich bisher zurückgehalten haben. Wenn diese Ängste und inneren Blockaden nachlassen, fühlst du dich ganz natürlich zu der Idee hingezogen, mehr und mehr Verantwortung zu übernehmen, und zwar aus keinem anderen Grund, als dass es sich gut anfühlt, dies zu tun.

Mit der Übung wirst du auch bemerken, dass du nicht mehr so oft Trieben und Zwängen zum Opfer fällst. Du bemerkst auch, dass du eher dazu neigst, ehrlich zu dir selbst und zu anderen zu sein. Du neigst nicht mehr dazu, dich Menschen zu unterwerfen, um gemocht zu werden oder sie zu dominieren, um Macht zu spüren. Mit zunehmender Energie steigt die innere Klarheit, während die Ängste schwinden.

Mit ausdauernder, aufrichtiger, aber spielerischer Übung wirst du anfangen zu bemerken, dass andere Menschen dich anders behandeln. Vielleicht eröffnen sich dir neue Möglichkeiten, weil andere Menschen sehen, dass du eine bestimmte, bewundernswerte Eigenschaft hast. Einige Leute werden dir vielleicht sagen, dass sie gerne ein bisschen mehr wie du wären und einige von ihnen werden dich sogar um Rat fragen, wie sie ihr Leben verbessern können.

Es entsteht ein natürliches Selbstvertrauen, das nichts mit der Identität oder damit zu tun hat, was andere von dir denken. Dieses Selbstvertrauen ist der Fluch von toxischen Persönlichkeiten. Ganz natürlich werden einige Menschen versuchen, deinen weiteren Fortschritt zu verhindern, so dass du weiterhin die Person bist, die sie vielleicht früher kontrollieren konnten. Wieder andere werden beginnen, sich von dir zu entfernen. Vielleicht lässt du sie gehen, ohne ihnen etwas Böses zu tun oder du hältst an ihnen fest, indem du so tust, als wärst du immer noch die Person, die sie kontrollieren können. Es ist dein Leben, es liegt an dir. Das heißt also, wenn du erst einmal genug Bewusstsein hast, um die Natur des Betrügers klar zu erkennen, wirst du dich wahrscheinlich in Richtung größerer Gesundheit bewegen, unabhängig davon, was andere von dir wollen oder über dich denken, was bedeutet, dass du frei von ihren Kontrollmechanismen sein wirst.

Mit Beharrlichkeit wirst du vielleicht anfangen, dich wie eine ganz neue Person zu fühlen, die durch das tägliche TEM-Training verwandelt wurde. Zu diesem Zeitpunkt wirst du verstehen, warum sich das alte "Du" so hilflos und schwach gefühlt hat, doch du wirst dich nicht mehr wie diese Person fühlen. Außerdem wirst du in der Lage sein, andere Menschen zu betrachten und in ihnen dasselbe zu sehen, was dich zurückgehalten hat - den Betrüger.

Selbst wenn nach aufrichtigem, langfristigem Training der Betrüger immer noch da ist, wirst du sehen, dass er schwächer wird und sich deinen weisen Zielen merklich weniger widersetzt als vor Beginn des TEM-Trainings. Weil du weniger inneren Widerstand, weniger inneres Chaos erlebst, fühlt sich das Leben so viel leichter an. Die Verbesserung, die du siehst, wird dich unabhängig von den äußeren Lebensumständen im Bewusstsein weiter voranbringen. Irgendwann wirst du erkennen, dass du einfach nicht zu deinem alten Leben zurückkehren kannst, wie du es vor dem TEM-Training gelebt hast, weil diese Art zu leben für dich nicht mehr interessant ist.

Wenn du das Training beibehältst, wird sich innerhalb von ein oder zwei Jahren wahrscheinlich dein ganzes Leben zum Besseren verändern, nicht nur weil sich die äußeren Umstände zum Besseren verändert haben, sondern weil aus der Fülle deines Herzens etwas Schönes und Gesundes in die Welt fließt. All das kam zustande, weil du dich entschieden hast, dein meditatives Bewusstsein mit kalten Duschen und täglicher Lebenspraxis herauszufordern.

Denke daran: Wenn du die Werkzeuge, die du in diesem Buch findest, anwendest, um die Widerstände, die du im täglichen Leben erlebst, zu überwinden, kann dich nichts mehr aufhalten. Du hast bereits einen langen Weg zurückgelegt, um deine größte Herausforderung, den inneren Krieg, zu gewinnen. Es gibt keine größere Herausforderung auf dieser Welt als diese.

Umwandlung

Trainiere weiter!

Dein Freund im Geiste,
Richard L. Haight
Juni 10, 2020

Referenz

Ausgleich der Gehirnhälften durch Neuroplastizität (Kapitel 1)

Was auch immer du mit deiner dominanten Hand tun kannst, übe es mit deiner nicht-dominanten Hand, mit dem Ziel, deine Fähigkeiten zwischen linker und rechter Hand anzugleichen. Tolle Übungen sind z. B. Schreiben, Zeichnen, Essen, Zähne putzen, Haare bürsten, Dinge tragen, Werfen, Schlagen, Kegeln, usw.

Vagalatmung (Kapitel 2)

1. Setze dich hin, damit du sicher bist, falls du ohnmächtig wirst.
2. Atme tief ein und halte den Atem an, während du deinen gesamten Körper anspannst. Achte darauf, dass du auch das Gesicht leicht anspannst. Halte die Spannung zusammen mit dem Atem.
3. Auch wenn es den Anschein hat, dass deine Lungen voll sind, ist dies nicht der Fall. Ohne die aktuelle Luft in der Lunge auszuatmen, atme wieder ein, um die Lunge vollständig zu füllen.
4. Halte die Luft und die körperliche Spannung so lange wie möglich an.Wenn du den Atem nicht mehr anhalten kannst, atme langsam aus und entspanne den Körper. Erlaube deinem Körper, natürlich zu atmen.

Fühlen von Primärklängen (Kapitel 5)

1. Sitze oder stehe aufrecht, aber bequem.
2. Entspanne den Körper und defokussiere den Geist, während du den gesamten physischen Körper spürst.

3. Beginne, "Ah" zu vokalisieren, während du einige Sekunden lang die Schwingungen im Körper spürst. Achte auf die Form und Richtung der Schwingung.
4. Verschiebe den Ton für einige Sekunden auf "Ee" und beachte die Änderung der Schwingungsform im Vergleich zur Erzeugung des "Ah"-Tons. Achte auf die Richtung, in die sich der Ton ausbreitet.
5. Fahre fort und ändere den Klang für eine kurze Dauer in "Ih". Spüre und notiere die Form und Richtung des Schallweges im Vergleich zum "Ee"-Laut.
6. Schalte in den "Eh"-Ton um und beachte die Veränderung, die Form und den Verlauf des Tons.
7. Wechsel zum "Oh"-Ton und spüre seine Eigenschaften.
8. Mache das "Mmm"-Geräusch und notiere seine Art.
9. Erzeuge schließlich den "Nnn"-Ton und spüre seine Dimensionen.
10. Produziere alle Töne in einem Atemzug, während du den Wechsel zwischen ihnen spürst - "Ah", "Ee", "Ih", "Eh", "Oh", "Mmm" und "Nnn".

Schallempfindlichkeit (Kapitel 6)

Mache alle Laute "Ah", "Ee", "Ih", "Eh", "Oh", "Mmm" und "Nnn", während du den gesamten Körper spürst. Notiere, welche Laute sich für den Körper am angenehmsten und am wenigsten angenehm anfühlen.

Schalltherapie (Kapitel 6)

1. Probiere jeden Laut aus und spüre dabei die Reaktion des Körpers - "Ah", "Ee", "Ih", "Eh", "Oh", "Mmm" und "Nnn".
2. Der Klang, der zu diesem Zeitpunkt therapeutisch ist, wird sich für deinen Körper irgendwie richtig oder erfüllend anfühlen.
3. Übe den Ton, der das positivste Gefühl in dir hervorruft, fünf bis zehn Minuten lang.

Feueratem (Kapitel 8)

- Wird zu Beginn einer kalten Dusche verwendet, um die Atmung unter Kontrolle zu bringen.

- Leite die krampfhafte Atmung absichtlich in ein schnelles, volles, kraftvolles Ein- und Ausatmen.

Testen der Leistung von kalten Duschen (Kapitel 8)

1. Warte, bis du schlecht drauf bist oder dich anderweitig emotional fühlst.
2. Gehe in dein Badezimmer, ziehe dich aus und tritt in einen Strahl des kältesten Wassers, das deine Dusche bieten kann, mit der Absicht, dass die schockierende Umarmung des kalten Wassers die Negativität abwäscht.
3. Stelle dich mit dem Feueratem mindestens eine Minute lang vollständig unter das fließende Wasser.
4. Richte das Wasser auf dein Gesicht, über den Kopf, die Brust, den Rücken - auf die Stellen, die deine Atmung am meisten einschränken.
5. Versuche nicht, dem Strom auf irgendeine Weise zu entkommen.
6. Nachdem du deine Atmung unter Kontrolle hast, versuche, dich zu entspannen.
7. Lasse absichtlich Negativität mit deinem Atem los.
8. Stelle nach einer Minute das Wasser ab, steige aus der Dusche und trockne deinen Körper ab.
9. Achte darauf, wie du dich fühlst.

Erste Trainingsdusche (Kapitel 8)

1. Stelle einen Timer für zehn Minuten ein, um dich daran zu erinnern, dein Training rechtzeitig vor einer Unterkühlung zu beenden.
2. Um den maximalen Nutzen aus einer kalten Dusche zu ziehen, solltest du diese gleich morgens nach dem Toilettengang durchführen.
3. Ziehe dich mit so wenig Gedanken wie möglich aus, steige in die Dusche und wenn du dich dazu durchringen kannst, stelle dich ganz unter den Wasserstrahl.
4. Stelle das Wasser auf die stärkste, kälteste Einstellung.
5. Achte auf zuckende Reaktionen oder instabile Atmung.
6. Während der ersten Minute verwende die Feueratmung, um die

7. Kontrolle über deine Atmung zu erlangen, während du den Fluss des Wassers direkt auf die Stellen lenkst, die die meiste Atemspannung hervorrufen.
8. Nach der ersten Minute solltest du so lange wie möglich in der kalten Dusche bleiben, jedoch nicht länger als zehn Minuten.

Schrittweise Annäherung (Kapitel 8)

1. Richte den Duschstrahl zuerst auf deine Füße, dann allmählich die Beine hinauf, in den Schritt und dann auf den Unterbauch. Du kannst den Strahl auch auf deine Arme richten, bevor du ihn schließlich auf deinen Oberkörper, dein Gesicht, deinen Kopf, deine Schultern und deinen Rücken richtest.
2. Notiere gedanklich die Zeit, die du unter der kalten Dusche warst und falls du deine Atmung regulieren konntest, wie lange es ungefähr gedauert hat, bis sie sich wieder beruhigt hat.
3. Trockne dich nach dem Duschen sofort ab.

Die Waschbecken-Methode (Kapitel 8)

1. Halte deinen Kopf unter den Wasserhahn des Waschbeckens und lasse kaltes Wasser über deinen Kopf laufen.
2. Führe das Wasser aus dem Wasserhahn mit der Hand über Gesicht und Hals.
3. Halte diesen Vorgang mindestens eine Minute lang aufrecht.
4. Wenn du mit Kopf, Gesicht und Hals fertig bist, lasse das kalte Wasser über deine Arme laufen.
5. Wenn du auch damit fertig bist, halte deinen Kopf für einige Minuten über das Waschbecken, um das Wasser abtropfen zu lassen und der Raumluft ausgesetzt zu sein.
6. Achte auf deine Atmung. Vielleicht stellst du fest, dass du hin und wieder Atemaussetzer hast, bei denen dein Körper auf natürliche Weise einen großen Atemzug einsaugt und ihn belebend wieder abgibt.
7. Trockne dich ab und gehe deinem Tag nach.

Raynaud-Syndrom und kalte Duschen (Kapitel 9)

1. Dusche kalt, während du in heißem oder warmem Badewasser stehst.
2. Sobald die Dusche beendet ist, sinke in das warme Bad, um deine Kerntemperatur schnell zu erwärmen, wodurch das Blut wieder in die erkrankten Bereiche gelangt.

Für extreme Fälle:

1. Fülle zunächst die Badewanne mit heißem Wasser und bade, bis dein Körper mit Wärme gefüllt ist.
2. Sobald die Körperbatterie mit Wärme aufgeladen ist, stelle dich in das warme Wasser und schalte die kalte Dusche ein. Dabei wirst du feststellen, dass die Kälte nicht annähernd so schockierend ist, weil dein Körper so viel Wärme abstrahlt.
3. Wenn du mit der Dusche fertig bist und Anzeichen einer Raynaud-Aktivierung hast, lege dich wieder in die Badewanne, um dich aufzuwärmen.

Andere Behinderungen (Kapitel 9)

1. Benutze dein Waschbecken oder einen Eimer mit kaltem Wasser, mache einen Waschlappen nass und verteile damit das kalte Wasser auf allen Körperstellen, die du erreichen kannst.
2. Befeuchte ihn immer wieder mit kaltem Wasser, während du deinen Körper abwischst, um die kalte Temperatur beizubehalten.
3. Sobald du deinen Körper nass gemacht hast, trockne dich an der Luft. Eventuell auftretende Raynaud-Symptome sind ein guter Indikator dafür, dass du das Lufttrocknen auslassen solltest.
4. Während des Lufttrocknens wirst du wahrscheinlich Zittern und eine Verengung der Brustwarzen bemerken. Das ist in Ordnung.
5. Wenn du andere Symptome einer Unterkühlung hast, solltest du dich sofort abtrocknen und deine Kleidung wieder anziehen.

Messung des Fortschritts durch Primärtöne (Kapitel 10)

1. Atme tief ein, kurz bevor du die Dusche betrittst und beginne, die primären Töne von "Ah" laut zu vokalisieren, um eine Basislinie für die Stabilität des Tons zu erhalten, wenn du nicht unter Druck stehst.
2. Achte darauf, den Mund so weit zu öffnen, dass der Ton ausreichend nachklingt, aber nicht so laut, dass er deine Familienmitglieder stört.
3. Fahre mit dem Singen des Tons fort, bis deine Lungen leer sind.
4. Sobald du deine Basislinie für deinen primären Klang hast, gehe in die Dusche, atme noch einmal ein und beginne, deinen Klang zu produzieren.
5. Schalte sofort das Wasser ein und richte es so aus, dass es über deinen Kopf, deine Brust und deinen Rücken läuft, vor allem über die Bereiche, die am schwierigsten sind.
6. Achte auf ein Schwanken des primären Klangs.
7. Versuche jeden Tag, unter der kalten Dusche die gleichen vollmundigen, lang anhaltenden Geräusche zu machen wie vor der kalten Dusche.
8. Beachte, dass jegliche Lungenkontraktionen beim Singen leicht zu hören und zu spüren sind.
9. Wenn du herausgefunden hast, dass du einen perfekten "Ah"-Laut erzeugen kannst, wäre die nächste Herausforderung, den "Oh"-Laut zu versuchen.
10. Sobald du einen soliden "Oh"-Ton erzeugen kannst, gehe zum "Mmm"-Ton über und sieh, wie das funktioniert.
11. Wenn du den "Mmm"-Laut beherrschst, versuche den "Eh"-Laut, den "Ih"-Laut und den "Ee"-Laut, um herauszufinden, welches die nächste, richtige Herausforderung ist. Vergiss nicht den "Nnn"-Laut.

Erlernen des Zusammenhangs zwischen Energieniveaus und Widerständen (Kapitel 11)

1. Nimm deine kalte Dusche zu einer Tageszeit, zu der du auf oder nahe dem Höhepunkt deiner Energie bist.

2. Achte auf den Grad des geistigen und körperlichen Widerstands, den du unmittelbar vor dem Einschalten des Wassers spürst, wenn du auf dem Höhepunkt deiner Energie bist.
3. Achte darauf, wie unangenehm dir das Duschen ist und wie lange du im kalten Wasser bleiben kannst, verglichen mit dem ersten Duschen am Morgen.

Experiment: Aufladen des Körpers mit Wärme (Kapitel 11)

1. Stehe morgens als Erstes auf, gehe ins Bad und fülle die Badewanne nach Belieben mit heißem Wasser.
2. Erledige deinen Toilettengang, ziehe dich aus und steige in das volle Bad.
3. Bleibe fünf bis zehn Minuten im warmen Wasser, um deine Körperkerntemperatur vollständig aufzuwärmen.
4. Sobald dein Körper mit Wärme aufgeladen ist, lasse das Wasser ab, stehe auf und stell dich unter den Duschkopf.
5. Schalte ihn auf volle Kälte und beobachte, wie dein Körper auf die Kälte reagiert im Vergleich zu Zeiten, in denen du den Körper nicht mit Wärme geladen hast.

Transzendieren mentaler Dialoge und Widerstände (Kapitel 11)

1. Achte darauf, wann Widerstand aufkommt und welche mentale Geschichte ihn begleitet.
2. Beachte, wie eine innere Kraft darauf abzielt, das zu tun, was gesund ist und eine andere, innere Kraft darauf ausgerichtet zu sein scheint, Unbehagen zu vermeiden.
3. Achte darauf, welche Kräfte unser Handeln und Nichthandeln vorhersagen, denn diese Kräfte repräsentieren unsere tiefsten Muster, von denen viele möglicherweise geschwächt werden müssen, wenn wir echte Fortschritte machen wollen.
4. Unterstütze die gesunden inneren Kräfte, indem du deine Ziele konsequent verfolgst.

Referenz

Mentoring für den Weg durch mentale Dialoge und Widerstände (Kapitel 12)

1. Wenn du ein inneres Narrativ bemerkst, das sich gegen die kalte Dusche sträubt, schaue, ob es sich anfühlt, als sei es deine Stimme. Wenn es sich wie deine Stimme anfühlt, bedeutet das, dass du mit deinen Gedanken und Emotionen identifiziert bist, was bedeutet, dass du denkst, du seist du.
2. Halte inne, entspanne dich und defokussiere deinen Geist völlig.
3. Sobald du entspannt und defokussiert bist, versuche, die in Kapitel 8 gelernte Waschbeckenmethode anzuwenden.
4. Vielleicht stellst du fest, dass du diese Methode anwenden kannst, weil sie einen angenehmen Schritt weg von der Bedrohung durch die kalte Dusche darstellt, die die widerstrebende, innere Kraft so sehr zu vermeiden suchte.
5. Wenn dein Vagusnerv durch die Waschbecken-Methode stimuliert wird, ziehe erneut die Dusche in Betracht. Wärst du jetzt bereit, dir die Füße nass zu machen? Die Chancen stehen gut, dass die Antwort "Ja" lautet.
6. Steige unter die Dusche und mache deine Füße nass, ohne über diesen Schritt hinaus zu denken.
7. Halte das kalte Wasser eine Weile auf deine Füße und frage dich dann, ob du versuchen könntest, das Wasser auf deine Unterschenkel zu richten. Du wirst wahrscheinlich feststellen, dass du das kannst.
8. Versuche nun deine Oberschenkel.
9. Mache weiter, bis du schließlich an einen Punkt kommst, an dem du einfach nicht mehr weitergehen willst. Wenn du auf etwas stößt, das sich wie eine undurchdringliche Blockade anfühlt, halte an, verlasse die Dusche und lass es gut sein.
10. Führe am nächsten Tag den gleichen Vorgang durch und sieh, wie weit du kommst. Die Chancen stehen gut, dass du innerhalb von ein oder zwei Wochen in der Lage sein wirst, die volle Dusche ohne annähernd so viel inneren Widerstand zu nehmen.
11. Der nächste Schritt im Umgang mit der nicht hilfreichen, inneren Kraft besteht darin, zu sehen, ob du nun direkt in die Dusche gehen und den Prozess des kalten Wassers beschleunigen kannst, indem

12. du ihn zu einem fließenden Verlauf machst, anstatt Schritt für Schritt vorzugehen.
13. Mit Ausdauer über einen Zeitraum von Tagen oder Wochen wirst du nur noch 10-20 Sekunden brauchen, um das Wasser bis zum Kopf zu bekommen.
14. Wenn du diesen Punkt erreicht hast, solltest du als Nächstes darauf achten, wie lange du in der kalten Dusche bleiben kannst.
15. Stoppe, bevor der Widerstand zu stark wird.
16. Entwöhne dich schließlich von der schrittweisen Annäherung.

Lauwarm anfangen (Kapitel 13)

1. Steige mit der Absicht in die Dusche, zunächst lauwarmes Wasser zu verwenden und es langsam in Richtung kalt zu drehen, während du dich körperlich und geistig akklimatisierst.
2. Über einen Zeitraum von mehreren Tagen kannst du allmählich kältere Duschen anwenden.

Mentoring des Körpers (Kapitel 13)

1. Bemerke, wenn dein Körper keine Lust auf die Dusche hat.
2. Achte auf Vermeidungsgefühle, wie z. B. den Wunsch, wieder einzuschlafen oder vielleicht den Wunsch, deine Morgenroutine zu ändern, um die Dusche zu verschieben.
3. Erlebe das Gefühl einen Moment lang, um seine Präsenz kennen zu lernen, dann defokussiere deinen Geist und meditiere dich in ein ruhiges Bewusstsein.
4. Sobald du ruhig und im Bewusstsein zentriert bist, tritt in Kontakt mit der Energie oder Kraft in dir, die wirklich will, dass du stärker, gesünder und bewusster wirst.
5. Sobald du in Kontakt mit der wohlwollenden Kraft bist, frage dich, ob es für dich besser ist, eine kalte Dusche zu nehmen, als keine zu nehmen.
6. Wenn du die unterstützende Kraft angezapft hast, die darauf abzielt, dein volles Potenzial als menschliches Wesen zu erfüllen, wirst du

wissen, wann du unbewusst versuchst, dem Unbehagen zu entkommen oder wann es einen triftigen Grund gibt, die Dusche an diesem Tag auszulassen oder zu verschieben.

Anwendung des Ein-Atem-Prinzips (Kapitel 14)

Wann immer du eine gute Idee oder einen Plan hast, führe innerhalb der Spanne eines Atemzuges irgendeine Form von körperlicher Aktion aus, um den Gedanken oder Plan in die Welt zu bringen, z. B. indem du deine Ideen in ein Taschenbuch schreibst.

Meditation des visuellen Bewusstseins (Kapitel 15)

1. Stelle einen Timer auf 15 Minuten ein.
2. Sitze bequem mit offenen Augen, ohne diese zu verdrehen.
3. Defokussiere deinen Geist und blicke geradeaus mit dem Ziel, das gesamte Gesichtsfeld zu sehen.
4. Um sicher zu sein, dass du das gesamte Gesichtsfeld siehst, ohne die Augen zu bewegen, notiere dir gedanklich einen Ort oder ein Objekt auf der rechten Seite, das den äußersten Rand deines Gesichtsfeldes markiert.
5. Suche Markierungen für die linke Seite sowie den höchsten und tiefsten Punkt, den du sehen kannst.
6. Behalte das gesamte Gesichtsfeld im Auge.
7. Entspanne den gesamten Körper, besonders aber Augen, Lippen, Kiefer, Nacken, Schultern, Hände und deine Atmung.
8. Achte auf die Unterschiede zwischen fovealem (fokussiertem) und peripherem (defokussiertem) Sehen in Bezug darauf, wie sich jede Praxis auf deinen Körper auswirkt. Was sind die Vorteile der jeweiligen Sehweise?
9. Nach 15 Minuten sitzender, visueller Bewusstseinsmeditation fordere deine Meditationsfähigkeiten heraus, indem du dich mit defokussierten Augen umsiehst.
10. Versuche, einen Arm oder ein Bein zu bewegen.
11. Versuche aufzustehen und dich wieder hinzusetzen.
12. Versuche, herumzulaufen.

Meditieren unter Druck (Kapitel 15)

1. Stelle einen Timer für zehn Minuten ein, um dich daran zu erinnern, dein Training zu beenden.
2. Bringe dich vor dem Betreten des Badezimmers über die visuelle Bewusstseinsmeditation in einen meditativen Zustand.
3. Entspanne Körper und Geist tief, ohne an die Dusche zu denken.
4. Wenn du kannst, dann steige unter die Dusche, ohne auch nur einen Gedanken an das kalte Wasser zu verschwenden.
5. Stelle sicher, dass du noch in einem meditativen Zustand bist, bevor du die Dusche startest.
6. Versuche, das Wasser aufzudrehen und dich dabei körperlich und geistig zu entspannen.
7. Halte die Augen unscharf.
8. Wenn du feststellst, dass sich dein Geist oder Körper vor Erwartung anspannt, wenn du auf den Duschknopf schaust, dann weißt du, dass es die Angst und die Erwartung von Unbehagen ist, die dich aus dem primären Bewusstsein herausgezogen hat.
9. Beobachte, was der Verstand tut. Es gibt nichts Besonderes, was du gegen die Anspannung tun musst, außer den Körper zu entspannen und den Geist wieder zu defokussieren, während du auf den Duschknopf starrst.
10. Sobald du dich entspannt hast, beginne mit dem Duschen, indem du den kalten Wasserstrahl über die in Kapitel 8 gelernte schrittweise Annäherung auf deine Füße lenkst.
11. Wann immer du spürst, dass deine Meditation abbricht oder schwächer wird, lenke den Duschkopf weg und begib dich wieder in die Meditation, bevor du zum Prozess zurückkehrst.
12. Gehe so weit, wie du kannst, während du im meditativen Zustand bleibst.
13. Versuche, in einem meditativen Zustand zu bleiben, während du den Duschkopf auf dein Gesicht richtest und deine Augen schließt. Denke daran, dich so weit wie möglich zu entspannen und geistig unkonzentriert zu bleiben.
14. Achte darauf, dass du dich im bewussten Alpha-Zustand (meditatives Bewusstsein) befindest, wenn du die Dusche verlässt.

15. Trockne dich ab und ziehe dich an, während du weiter meditierst.
16. Verlasse das Badezimmer und sieh, wie lange du deine täglichen Aktivitäten bei Bewusstsein durchführen kannst.

Sphärische Bewusstseinsmeditation (Kapitel 16)

1. Richte deine Aufmerksamkeit kurz auf deine linke Seite, während du geradeaus schaust, ohne physisch dorthin zu blicken.
2. Mache nun das Gleiche mit der rechten Seite.
3. Versuche es noch einmal, während du auf den Bereich hinter dir achtest.
4. Wiederhole den Vorgang noch einmal schnell in jede Richtung, links, rechts, hinten, oben und unten.
5. Versuche es nun erneut, aber mit Entspannung.
6. Sieh, wie lange du in einer entspannten, sphärischen Wahrnehmung bleiben kannst.

Druck-Training im sphärischen Bewusstsein (Kapitel 16)

1. Stelle einen Timer für zehn Minuten ein, um dich daran zu erinnern, dein Training zu beenden.
2. Vergewissere dich vor dem Betreten des kalten Bades, dass du dich in einem sphärischen Bewusstsein befindest.
3. Schau, ob du in einer nahtlosen, bewussten, harmonischen Bewegung, die ohne Pause oder Eile von einer Bewegung zur nächsten fließt, eintreten und dich setzen kannst.
4. Sobald du sitzt, strecke ohne Pause oder Eile deine Beine aus, um sie vollständig in das Wasser einzutauchen.
5. Sobald deine Beine vollständig nass sind, halte den Atem an und lehne dich so entspannt wie möglich zurück, um den Oberkörper und den Kopf unterzutauchen.
6. Bleibe so lange untergetaucht, wie du bequem den Atem anhalten kannst, während du im sphärischen Bewusstsein bleibst.
7. Sobald du bereit bist, den nächsten Atemzug zu nehmen, setze dich auf und entspanne dich vollständig in einer tiefen Meditation.

8. Während du dort sitzt, wird deine Körperwärme das Wasser in der Nähe erwärmen, was eine isolierende Barriere zum kältesten Wasser schafft. Benutze ab und zu deine Hände und Beine, um das Wasser langsam zu bewegen, damit dein Körper die kältesten Temperaturen erfährt.
9. Halte nach etwa einer Minute des meditativen Sitzens erneut den Atem an und lasse Oberkörper und Kopf wieder eintauchen, bis du bereit bist, auszuatmen.
10. Verlasse die Badewanne bei Erreichen der Zehn-Minuten-Marke (oder früher, wenn du Symptome von Unterkühlung verspürst) in einem sphärischem Bewusstsein.
11. Trockne dich ab, ziehe dich an und setze deinen Tag im sphärischem Bewusstsein fort.

Wenn du erst einmal den Dreh raus hast und während des grundlegenden Bades, das ich oben skizziert habe, sphärisch bewusst bleiben kannst, vergiss die genaue Ausführung und tue, was sich richtig anfühlt, während du im kalten Bad bist. Fühle dich aus einem tiefen, sphärischen Gewahrsein heraus durch die Erfahrung.

Krankentage (Kapitel 17)

1. Wenn du dich an einem Morgen nicht wohl fühlst, kannst du das kalte Bad und sogar die kalte Dusche weglassen und stattdessen nur die Waschbeckenmethode anwenden.
2. Wenn deine Energie extrem niedrig ist, du Fieber, Schüttelfrost oder Anzeichen von Übelkeit hast, vermeide alle Formen des Kältetrainings, da sie deinen Körper noch weiter schwächen können. Lege an solchen Tagen eine Pause ein.
3. Wenn du dich nicht krank, aber etwas energielos fühlst, kannst du dein Training mit der in Kapitel 8 beschriebenen Waschbeckenmethode fortsetzen.

Referenz

Symptome der Unterkühlung (Kapitel 17)

- Schüttelfrost
- Undeutliches Sprechen oder Nuscheln
- Langsame, flache Atmung
- Schwacher Puls
- Ungeschicklichkeit oder mangelnde Koordination
- Schläfrigkeit oder extrem niedrige Energie
- Verwirrung oder Gedächtnisverlust
- Verlust des Bewusstseins

Hypothermie-Risikofaktoren (Kapitel 17)

- Müdigkeit oder Erschöpfung verringern deine Kältetoleranz.
- Mit zunehmendem Alter kann die Fähigkeit des Körpers, die Körpertemperatur zu regulieren und die Symptome einer Unterkühlung zu erkennen, abnehmen.
- In der Pubertät verliert der Körper schneller Wärme als bei Erwachsenen üblich.
- Geistige Probleme wie Demenz und andere Zustände können das Urteilsvermögen oder das Bewusstsein für die Symptome der Unterkühlung beeinträchtigen, wenn diese einsetzen.
- Alkohol bewirkt, dass sich die Blutgefäße erweitern, wodurch sich der Körper warm anfühlen kann. Aufgrund dieser Erweiterung der Blutgefäße verliert der Körper jedoch schneller Wärme, wenn sie sich zum Schutz vor der Kälte zusammenziehen sollten. Außerdem vermindert Alkohol die natürliche Schüttelfrostreaktion, die eines der ersten Anzeichen dafür ist, dass man aus dem Wasser steigen muss. Mit Alkohol besteht auch die Gefahr, im Wasser ohnmächtig zu werden.
- Freizeitdrogen beeinträchtigen das Urteilsvermögen und können zur Ohnmacht im kalten Wasser führen.
- Medizinische Zustände, die die Regulierung der Körpertemperatur beeinträchtigen, wie Hypothyreose, Anorexia nervosa, Diabetes,

Schlaganfall, schwere Arthritis, Parkinson-Krankheit, Trauma und Rückenmarksverletzungen, erhöhen das Risiko einer Unterkühlung.
- Medikamente wie Antidepressiva, Antipsychotika, Schmerzmittel und Beruhigungsmittel können die Fähigkeit des Körpers zur Wärmeregulierung verringern.

Röntgenblick (Kapitel 18)

1. Stelle dir vor, du hast mit offenen Augen einen Röntgenblick, der es dir erlaubt, durch Wände hindurch in die Räume, Türen, Flure usw. zu sehen, die jenseits deiner physischen Sicht liegen.
2. Wenn du dich im Freien befindest, kannst du die Landschaft, die Bäume, Hügel, Flüsse usw. visualisieren, die sich außerhalb deiner physischen Sichtweite befinden.
3. Erstelle eine detailarme, mentale 3-D-Karte deiner Umgebung, so dass du dir, den gesamten Raum einschließlich der offensichtlichen Objekte wie Möbeln vorstellen kannst, wenn du die Augen schließt.

Spielen mit Röntgenblick (Kapitel 18)

1. Stehe auf und schaue dich um, um eine mentale Karte deiner Umgebung zu erstellen.
2. Sobald du deine Umgebung kartiert hast, dehne deine Wahrnehmung sphärisch über den gesamten Bereich aus, wie du es bereits gelernt hast.
3. Sobald das Bewusstsein ausgedehnt ist, schließe die Augen, während du deinen imaginären Röntgenblick aktivierst und beginne, dich langsam an Ort und Stelle zu drehen wie der Zeiger einer Uhr.
4. Nachdem du langsam mit geschlossenen Augen mehrere 360-Grad-Drehungen gemacht hast, wähle ein Objekt wie einen Raum oder eine Tür aus, auf das du zeigst.
5. Sobald du glaubst, dass der Raum oder das Objekt mit deiner angezeigten Richtung auf einer Linie liegt, halte an und zeige mit geschlossenen Augen weiterhin darauf.
6. Öffne die Augen, um deine Genauigkeit zu überprüfen.

Topographische Ansicht (Kapitel 18)

1. Stelle dir in einem meditativen Zustand vor, dass sich dein "geistiges Auge" aus deinem Körper erhebt, hoch in die Luft, um auf die Topographie um dich herum herabzuschauen.
2. Aktualisiere die topografische Ansicht immer wieder, während du dich bewegst.

Verbrecher-Spiel (Kapitel 18)

In diesem Spiel stellst du dir vor, dass andere Leute Verbrecher sind, die es auf dich abgesehen haben.

1. Erweitere dein sphärisches Bewusstsein z.B. über den gesamten Raum deiner Wohnung hinweg mit dem Ziel, jederzeit zu spüren, wo sich andere Menschen aufhalten.
2. Um einen Punkt zu erzielen, musst du jemanden bemerken, der sich dir nähert, bevor er sich dir bis auf drei Meter nähert.
3. Wenn sich jemand bis auf drei Meter an dich heran schleicht, bevor du ihn bemerkst, dann wurdest du erwischt. In diesem Fall erhält dein "Gegner" einen Punkt.
4. Zähle am Ende eines jeden Tages zusammen, wie oft du einen "Angriff" vermieden hast und wie oft du erwischt wurdest.
5. Erhöhe die Herausforderung mit zunehmender Fähigkeit, indem du die Distanz weiter ausdehnst.

Blinde Flecken (Kapitel 18)

1. Beginne in einem meditativen Zustand damit, zu bemerken, wohin du schaust, wenn du durch dein Haus gehst, zur Arbeit fährst oder andere häufig besuchte Orte durchstreifst.
2. Notiere dir die Bereiche und Dinge, auf die du immer wieder schaust. Beachte auch die Stellen, die du eher übersiehst.
3. Sobald du beginnst, deine eigenen, blinden Flecken wahrzunehmen, achte auf die blinden Flecken deiner Familienmitglieder und deiner Nachbarn.

4. Achte auch auf ihre regelmäßigen Muster. Achte zum Beispiel auf die Zeiten, zu denen sie die Post holen, den Müll rausbringen, zur Arbeit gehen, zurückkommen, usw.
5. Viel Spaß!

Aufmerksamkeit bei Türen und Durchgängen (Kapitel 18)

Der Zweck dieses Spiels ist es, dich daran zu erinnern, sphärisch aufmerksam zu sein und die bestmögliche Position einzunehmen, jedes Mal, wenn du dich durch eine Türöffnung oder einen anderen engen Durchgang bewegst.

1. Nutze alle Türöffnungen, Flure oder andere solche engen Räume, auch die zu Hause, als Auslöser, um dich wieder mit dem sphärischen Bewusstsein zu verbinden.
2. Versuche, als Letzter durch eine Tür oder einen Durchgang zu gehen.

Sitzpositionierung (Kapitel 18)

1. Nutze die sphärische Wahrnehmung, um dir den allgemeinen Aufbau des Gebäudes und die Ausgänge zu merken.
2. Beachte, welcher Tisch den sichersten Platz zum Sitzen und Beobachten bietet.
3. Versuche, einen Tisch zu wählen, der die geringste Angriffsfläche bietet und gleichzeitig die beste Sicht auf den gesamten Raum ermöglicht. Ein Tisch in einer Ecke bietet den bestmöglichen Aussichtspunkt, ohne dass du deinen Rücken entblößen musst.
4. Vermeide es, in der Nähe von Fenstern, Türen, Durchgängen oder in der Mitte des Raums zu sitzen.
5. Wenn der ideale Tisch nicht verfügbar ist, suche den nächstbesten Tisch, der eine gute Sicht und relativ wenige Angriffsmöglichkeiten bietet.
6. Wenn du den bestmöglichen Tisch gefunden hast, dann versuche deine Gruppe dorthin zu lotsen.
7. Nachdem du dich an den ausgewählten Tisch begeben hast, wirst du dich auf den für deine imaginären Aufgaben als Beschützer günstigsten Sitzplatz setzen wollen. Dieser Sitz ermöglicht eine optimale

Referenz

visuelle Wahrnehmung des gesamten Raums und bietet gleichzeitig die besten Bewegungsmöglichkeiten.

Alternative Ausgänge (Kapitel 18)

1. Wenn du dich in Restaurants oder anderen Gebäuden aufhältst, dann mache dir im sphärischen Bewusstsein eine mentale Karte des Grundrisses des Ortes.
2. Beachte alle zu öffnenden Fenster und Türen.
3. Wirf einen Blick in die Küche, um festzustellen, ob es eine Hintertür gibt.
4. Überprüfe das Badezimmer auf ein mögliches Fenster, das du als Ausgang benutzen könntest.

Zeitliche Erinnerungen (Kapitel 19)

1. Schau auf die Uhrzeit. Gehe in ein entspanntes, sphärisches Bewusstsein über und halte es aufrecht, bis du das Gefühl hast, in einem meditativen Zustand zu sein.
2. Sobald du das Gefühl hast, dass du dich in einem meditativen Zustand befindest, wende deinen Blick von der Uhr ab und fokussiere deinen Geist absichtlich, um in einen nicht-meditativen Zustand zurückzukehren.
3. Schaue wieder auf die Uhrzeit und wechsle zurück ins sphärische Bewusstsein.
4. Wenn du meditiert hast, dann schaue weg und fokussiere den Geist, um wieder in eine fokussierte Beta-Gehirnwelle zu kommen.
5. Wiederhole den Vorgang mindestens 5-10 Mal.

Testen der Erinnerung (Kapitel 19)

1. Sobald du deine Erinnerung programmiert hast, vergiss die Meditation und gehe deinen üblichen, alltäglichen Aktivitäten nach.
2. Wenn die Erinnerung funktioniert, wirst du beim nächsten Mal, wenn du auf die Uhrzeit schaust, daran denken, zu meditieren.

3. Wenn die Erinnerung fehlgeschlagen ist, bedeutet das, dass du ein wenig mehr Zeit damit verbringen musst, die Erinnerung in dein Gedächtnis zu programmieren.
4. Sobald eine Erinnerung programmiert ist, musst du die Zuordnung beibehalten, damit die Erinnerung funktioniert.
5. Der Weg, die Erinnerung aufrechtzuerhalten, besteht darin, zu meditieren, wenn auch nur kurz, wann immer du die Uhrzeit siehst.
6. Wenn du nicht meditierst, nachdem du die Zeit gesehen heißt, dann machst du die Assoziation rückgängig.

Asymmetrie-Erinnerungen (Kapitel 19)

1. Stelle eine Vase in deiner Wohnung auf den Kopf.
2. Kippe absichtlich ein Wandfoto oder ein Gemälde.
3. Verstelle deine Möbel leicht.
4. Jedes Mal, wenn du die Asymmetrie siehst, wird sie dich daran erinnern, zu meditieren.

Asymmetrie-Spiel (Kapitel 19)

1. Ziehe Familienmitglieder und Mitbewohner hinzu, um heimlich Asymmetrien für dich zu erschaffen.
2. Korrigiere die Asymmetrien, wenn du sie findest.
3. Überprüfe mit der Person am Ende jedes Tages, ob du alle erstellten Asymmetrien gefunden hast.
4. Wenn die Asymmetrien für dich zu subtil sind, um sie zu bemerken, bitte die andere Person, sie etwas deutlicher zu machen.
5. Wenn die Asymmetrien leicht zu erkennen sind, kannst du darum bitten, kleinere Anpassungen als Herausforderung vorzunehmen.

Den Betrüger verwandeln (Kapitel 20)

1. Steige in die Dusche, stelle dich vor den Duschknauf direkt unter die Dusche, während du ihn mit der Absicht anschaust, ihn auf die kälteste Einstellung zu drehen. Achte auf irgendwelche Anzeichen des Betrügers.

2. Achte auf Anspannung, Zögern, Ängstlichkeit oder andere negative Gefühle.
3. Achte darauf, ob du irgendeine Beunruhigung spürst, egal wie gering.
4. Wenn du die Anzeichen des Betrügers bemerkst, versuche herauszufinden, wo er im Körper zentriert ist.
5. Du schaust immer noch auf den Duschkopf, bereit, die Kälte einzuschalten, nimm das Gefühl wahr und lokalisiere es, indem du die Stelle mit deiner Fingerspitze berührst.
6. Drehe das Wasser auf, mit dem Ziel, Ängste, Furcht und Negativität zu mildern und loszulassen.
7. Bleibe unter dem Duschkopf stehen, bis sich die Unruhe verflüchtigt.
8. Schalte die Dusche aus und bleibe für 15 oder 20 Sekunden stehen.
9. Sieh dir den Duschkopf erneut an, mit der Entschlossenheit, eine zweite Runde zu drehen.
10. Achte darauf, ob es ein Zögern oder Ängstlichkeit gibt.
11. Lege den Finger auf die Stelle, an der du die Anspannung im Körper spürst.
12. Schalte die Dusche wieder ein, um erneut zu duschen.
13. Lasse alle Widerstände los, bis du breit lächelst.
14. Wiederhole diesen Vorgang immer wieder, bis das Zögern völlig verschwunden ist.

Hinweis: Wenn du Zittern oder andere Anzeichen von Unterkühlung, wie sie in Kapitel 17 aufgeführt sind, bemerkst, dann beende die Dusche mit der Entschlossenheit, dass du den gleichen Vorgang am nächsten Tag wiederholen wirst.

Aufwachen! (Kapitel 21)

Tipps, die dir helfen, wach und mit Klarheit aufzustehen:
- Setze dir vor dem Einschlafen die Absicht, dir vorzustellen, dass ein Fremder im Zimmer ist und du sofort aufstehen musst, um dich und deine Familie zu schützen.
- Entwerfe einen detaillierten Handlungsplan für die erste Stunde deines Tages, bevor du schlafen gehst.

- Stelle deinen Wecker außer Reichweite, so dass du aus dem Bett aufstehen musst, um ihn auszuschalten.

Das Badezimmer (Kapitel 21)

1. Sobald du aus dem Bett aufgestanden bist, gehe direkt ins Bad, um deine Blase zu entleeren und meditativ mit deinem Lehrer, der Kälte, zu sprechen.
2. Wenn du mit dem Urinieren fertig bist, dann öffne ein Fenster, um die frische Luft hereinzulassen. Spüre und rieche in einem meditativen Zustand die Frische der Luft.
3. Beobachte die Welt um dich herum.
4. Wenn du einige Primärgeräusche üben willst, solltest du das Fenster schließen, damit du deine Nachbarn nicht störst.
5. Nimm eine kalte Dusche oder ein kaltes Bad in einem meditativen Zustand. Denke daran, zu lächeln!

Verlassen des Badezimmers (Kapitel 21)

1. Verlasse das Badezimmer in einem Zustand sphärischen Bewusstseins.
2. Fühle dein Zuhause und benutze deinen Röntgenblick.
3. Bewege dich lautlos und bewusst, als ob du nach einem Eindringling suchen würdest.
4. Versuche, zu bemerken, wo deine Familienmitglieder oder Mitbewohner sind und was sie tun, bevor du sie physisch siehst. Gehe das Vorhaben spielerisch an.
5. Wenn du ein Kaffee- oder Teetrinker bist, achte darauf, dass du auf den gesamten Raum um dich herum achtest, während das Getränk brüht.

Der Tag (Kapitel 21)

1. Gehe durch deinen Tag und achte auf die von dir gesetzten Erinnerungen.

2. Jedes Mal, wenn du einen Auslöser bemerkst, achte darauf, dir sphärisch bewusst zu werden und sei es nur für eine Minute.
3. Wann immer du in das sphärische Bewusstsein eintrittst, schau, ob du die Anstrengung, die du dazu brauchst, reduzieren kannst und ob du sie etwas länger aufrechterhalten kannst.
4. Achte bei deinem Tagesablauf auf den Betrüger, der rechtfertigt, verzögert, vermeidet, kritisiert und verurteilt.
5. Jedes Mal, wenn du diese Energie bemerkst, kehre zum sphärischen Bewusstsein zurück.

Einschlafen (Kapitel 21)

1. Bevor du ins Bett gehst, führe Buch über deinen Tag.
   - Welche Art von Trieben und Zwängen hast du erlebt?
   - Hast du ihnen nachgegeben oder nicht?
   - Was hast du getan, das zwar ansprechend, aber nicht sinnvoll war?
   - Hast du dich mit nicht hilfreichen Gewohnheiten und ablenkenden Bequemlichkeiten beschäftigt?
2. Mache dir vor dem Schlafengehen einen Plan, mehr von dem zu tun, was nach deiner eigenen Definitionen erfüllend, sinnvoll, hilfreich und notwendig ist und nicht zwanghaften Bequemlichkeiten entspricht.
3. Setze dir das Ziel, wach zu werden und etwas mehr Zeit im Bewusstsein zu verbringen, als du es heute getan hast.
4. Achte darauf, dass du dich nicht selbst beschuldigst oder Schuld und Scham fühlst. Gestalte auch diese Spiel leicht und humorvoll.

Vorschau auf die Krieger-Meditation

Die Krieger-Meditation, vom preisgekrönten Autor von *The Unbound Soul*, Richard L. Haight, lehrt die ursprüngliche, instinktive, nicht-religiöse Form der Meditation, die für die Welt fast verloren gegangen ist. Richard L. Haight, Meister in vier Samurai-Künsten, teilt das am besten gehütete Geheimnis in Sachen Persönlichkeitsentwicklung, kognitiver Verbesserung und Stressabbau in der Welt.

Für Menschen jeden Hintergrunds, Geschlechts und Alters.

Du fragst dich vielleicht, inwiefern die Erfahrungen der Samurai Ähnlichkeit mit deinem modernen Leben haben. Schließlich scheinen keine Armeen oder Attentäter zu versuchen, dich oder dein Zuhause anzugreifen. Doch in einer Hinsicht unterscheiden wir uns nicht so sehr von den Samurai. Mit unserem geschäftigen Leben haben wir nicht die Zeit, täglich Stunden in der Meditation zu verbringen. Stattdessen brauchen wir eine Meditation, die es unseren Handlungen in einer schnelllebigen Welt mit hohem Druck erlaubt, aus einer Tiefe des Gewahrseins zu fließen. Die Krieger-Meditation hilft dir, auf diese Tiefe zuzugreifen und dich auf natürliche Weise zu entfalten.

Die Krieger-Meditation ist anders als jede andere Meditation. Diese Methode ist flexibel in der Anwendung, was es dir erlaubt, sie mit allem zu verbinden, was dein Tag zu bieten hat. Durch kurze, tägliche Sitzungen wirst du dir die vielen wissenschaftlich verifizierten, kognitiven und körperlichen Gesundheitsvorteile der täglichen Meditation in deinem Leben erschließen. Du musst dich nicht mehr aus dem Leben zurückziehen, um zu meditieren, denn mit der *Krieger-Meditation* kannst du Ruhe, klares Bewusstsein und pulsierendes Leben mitnehmen, wohin immer du gehst. Schließlich wirst du Meditation vollständig als eine Art des Seins verkörpern, nicht nur als ein Tun.

Vorschau auf The Unbound Soul

„Eines der besten Bewusstseins-Bücher aller Zeiten"
-BookAuthority

2019 Gold-Gewinner der Reader's Favorite Awards und Bestseller in den Kategorien Spiritualität, Meditation und Selbsthilfe. *The Unbound Soul* ist ein frischer, hoch gelobter spiritueller Leitfaden, der von dem innerlichen Kampf eines Menschen erzählt, seine Seele zu befreien, und gleichzeitig den Leser zu seiner eigenen inneren Freiheit führt.

The Unbound Soul ist ein Memoir, das die wahre Geschichte eines kleinen Jungen erzählt, der inmitten einer Vision sein Leben dem spirituellen Erwachen widmet. Mit zunehmender Reife führt ihn dieses Versprechen um die ganze Welt. Er sammelt altes Wissen und beherrscht Kampf-, Heil- und Meditationskünste.

Aber *The Unbound Soul* ist so viel mehr als nur ein Memoir. Es ist ein mächtiger Leitfaden, der die zutiefst einfache, aber zugleich schwer fassbare Wahrheit enthüllt, die dein Leben erhellt. Es bietet dir eine Reihe von mächtigen Bewusstseinsinstrumenten, die dich auf deinem persönlichen Weg unterstützen. In *The Unbound Soul* geht es tatsächlich um dich und deinen Weg zur praktischen Verwirklichung im Alltag.

Vorschau auf Inspirience

„Ich lese ein spirituelles Buch pro Woche für meine Radiosendung und ich sage Ihnen, dass Inspirience frisch, echt und dringend notwendig ist!"
-Jean Adrienne, *PowerTalk Radio*

DAS LEBEN ERLEBEN
INSPIRIERENDE VERÄNDERUNG
LEBENDIGE INSPIRATION

Was ist es, das du wirklich suchst? Die Realität ist, dass die meisten von uns es nicht wirklich wissen. Bei genauer Betrachtung entdecken wir, dass wir vor allem das Transzendente suchen, das, was am tiefsten in uns wohnt, das, was uns mit allem, was ist, verbindet und unserem Leben bedingungslosen Sinn gibt.

Das Transzendente überschreitet das Fassungsvermögen des Geistes und die Grenzen der Worte, denn es ist jenseits aller Form und Definition. Aber Erfahrung und Inspiration, auch wenn sie sich nicht mit Worten erklären lassen, können gefunden werden. Es gibt einen Weg dorthin.

Richard L. Haight, der Bestsellerautor von *The Unbound Soul*, Meister in der Meditation und Schwertkämpfer, teilt einen einfachen und natürlichen Weg zur Inspiration durch bedingungslose Meditation. *Inspirience* nimmt dich mit auf eine Reise zum Transzendenten, sodass es dein Leben - *und die Welt* - transformieren kann.

Vorschau auf The Psychedelic Path

*„Faszinierende Einblicke in visionäre Zustände.
Es ist dafür bestimmt, ein kontroverses Buch zu werden."*
-Grady Harp, Amazon Hall of Fame Reviewer

Gehst du den spirituellen Weg und bist neugierig in Bezug auf Psychedelika? Reise zusammen mit einem Meditationsmeister und ehemaligen „pharmakologischen Puristen", während er das spirituelle Herz der psychedelischen Erfahrung erforscht, um die potenziellen Vorteile und Gefahren dieser Substanzen zu entdecken.

Richard L. Haight, ein Meister des Schwertkampfes, Meditationsexperte und Bestsellerautor von *The Unbound Soul,* liefert eine außerordentlich kraftvolle, unvoreingenommene Darstellung von Halluzinogenen in Bezug auf den spirituellen Pfad.

Für seine Reisen nutzt Haight drei alte schamanische Pflanzen, die in Süd-, Mittel- und Nordamerika gefunden wurden und er zeigt eine innovative Perspektive, die eine enorme persönliche Transformation bewirkt.

Über den Autor

Richard L. Haight ist der Autor der Bestseller *"Die Krieger-Meditation"* und *"The Unbound Soul"* und er ist Ausbilder auf Meisterebene für Kampf-, Meditations- und Heilkünste. Richard L. Haight begann im Alter von 12 Jahren mit dem formalen Training der Kampfkünste und zog im Alter von 24 Jahren nach Japan, um sein Training bei Meistern des Schwertes, des Stabes und des Aiki-Jujutsu zu vertiefen.

Während seines 15-jährigen Aufenthalts in Japan erwarb Richard Meisterlizenzen in vier Samurai-Künsten sowie in einer traditionellen Heilkunst namens Sotai-ho. Richard ist einer der weltweit führenden Experten für die traditionellen japanischen Kampfkünste.

Durch seine Bücher, seine Meditations- und Kampfkunstseminare trägt Richard Haight dazu bei, eine weltweite Bewegung für persönliche Transformation zu entfachen, die frei von allen Zwängen und offen für jeden auf jedem Niveau ist. Richard Haight lebt und lehrt heute im südlichen Oregon, U.S.A.

Über den Autor

Erhalt der Lizenz der vollen Meisterschaft von Meister Shizen Osaki
Kanagawa, Japan , Juli 2012.

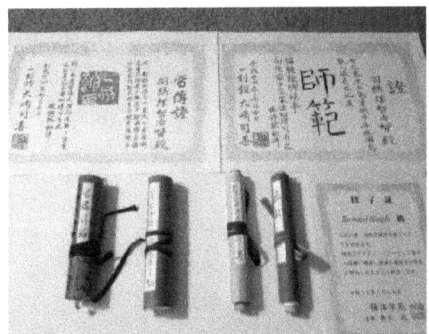

(von oben links nach rechts) Lizenz der vollen Meisterschaft und Ausbilderlizenz in Daito-ryu Aikijujutsu
(Meisterschaftsrollen - von links nach rechts) Daito-ryu Aikijujutsu, Yagyu Shinkage-ryu Hyoho,
Shinkage-ryu Jojutsu, Seigo-ryu Battojutsu, Sotai-ho (Meisterbrief)

Vorne, in der Mitte, Shizen Osaki, Sensei
Kanagawa, Japan, Oktober 2017

Quellen

Bratic, Ana, und Nils-Gorän Larsson. "The Role of Mitochondria in Aging". *Journal of Clinical Investigation* 123:3 (2013): 951-957.

"Hypothermie." Mayo Clinic.
<https://www.mayoclinic.org/diseases-conditions/hypothermia/symptoms-causes/syc-20352682>

Pizzorno, Joseph. "Mitochondrien - grundlegend für Leben und Gesundheit". *Integrative Medizin* 13:2 (2014): 8-15.

"Raynaud's Phenomenon". Johns Hopkins Medicine
<https://www.hopkinsmedicine.org/health/conditions-and-diseases/raynauds-phenomenon>

Spector, Dina. "Die Chancen, dass Sie am Leben sind, sind unglaublich gering." Business Insider 11. Juni 2012
<https://www.businessinsider.com/infographic-the-odds-of-being-alive-2012-6>

"Verblüffende Details von Gehirnverbindungen aufgedeckt". ScienceDaily, 17. November 2010.
<https://www.sciencedaily.com/releases/2010/11/101117121803.htm>

"Vagusnerv". Encyclopaedia Britannica. Zugriff am 29. Juni 2020.
<https://www.britannica.com/science/vagus-nerve>

Wigley, Fredrick M. und Nicholas A. Flavahan. "Raynaud's Phenomenon". *New England Journal of Medicine 375:6* (10. August 2016): 556-565.

Kontakt

Hier sind einige Möglichkeiten, dich mit den Lehren von Richard Haight zu verbinden:

- Website: www.richardlhaight.com
- Neuigkeiten: www.richardlhaight.com/notifications
- YouTube: Tools of Spiritual Awakening with Richard L. Haight
- Facebook Group: Total Embodiment Guided Meditations with Richard L Haight
- E-Mail: contact@richardlhaight.com

Schritt-für-Schritt-Arbeitsbuch

Kapitel 1 - Neuroplastizität (Seite 11)

Bin ich in meinen Gewohnheiten festgefahren?

   Ja   Nein

Welche Bereiche würde jemand, der mich gut kennt, als Bereiche aufzählen, in denen ich festgefahren bin?

-
-
-
-
-

Was sind meine limitierenden Glaubenssätze?

-
-
-
-
-

Was kann ich jetzt tun, um diese Überzeugungen zu ändern?
-
-
-
-
-

Dies sind einige festgefahrene Bereiche, die ich gerne ändern würde:
-
-
-
-
-

Mit der Kraft der Neuroplastizität kann der Mensch jedes beliebige Gehirnmuster absichtlich stärken. Was sind einige gesunde Muster, die ich heute verstärken möchte?
-
-
-
-
-

Was habe ich heute getan, um meine Gewohnheiten positiv zu verändern?
-
-
-
-

Bewerte deine Schlafqualität in den nächsten zehn Tagen, indem du die Beschreibung einkreist, die am besten passt.

1. Schlecht   Eher schlecht   Okay   Ziemlich gut   Wie ein Baby
2. Schlecht   Eher schlecht   Okay   Ziemlich gut   Wie ein Baby
3. Schlecht   Eher schlecht   Okay   Ziemlich gut   Wie ein Baby
4. Schlecht   Eher schlecht   Okay   Ziemlich gut   Wie ein Baby
5. Schlecht   Eher schlecht   Okay   Ziemlich gut   Wie ein Baby
6. Schlecht   Eher schlecht   Okay   Ziemlich gut   Wie ein Baby
7. Schlecht   Eher schlecht   Okay   Ziemlich gut   Wie ein Baby
8. Schlecht   Eher schlecht   Okay   Ziemlich gut   Wie ein Baby
9. Schlecht   Eher schlecht   Okay   Ziemlich gut   Wie ein Baby
10. Schlecht   Eher schlecht   Okay   Ziemlich gut   Wie ein Baby

Was sind drei Dinge, die ich tun kann, um meine Schlafqualität zu verbessern?
-
-
-

Das Selbstempfinden verändert sich mit der Zeit. Was hat sich im Laufe der Jahre in Bezug auf mein Selbstempfinden verändert?
-
-
-
-
-

Plane ein Jahr lang positive Veränderungen in Bezug auf Gefühle, Gedanken und Verhalten. Dies sind die fünf wichtigsten Dinge, die ich im Laufe eines Jahres ändern werde:

-
-
-
-
-

Sich unwohl zu fühlen ist notwendig, um etwas zu lernen. Auf welche Weise habe ich mich heute absichtlich aus meiner Komfortzone gebracht?

-
-
-
-
-

Welche negativen oder wenig hilfreichen Gewohnheiten schütze ich am meisten durch Verleugnung oder Rechtfertigung?

-
-
-
-
-

Was sind einige der mentalen Dialoge, die ich benutze, um negative Gewohnheiten zu schützen?

_____
_____
_____
_____
_____
_____
_____
_____

Diese negativen Gewohnheiten, möchte ich am ehesten loslassen:
1.
2.
3.
4.
5.

Kapitel 2 - Vagusnervstimulation (Seite 18)

Habe ich heute die Vagusnervstimulation geübt?
   Ja   Nein

Wie habe ich mich vor der Vagusnervstimulation gefühlt?
   Ängste:
      Extrem niedrig   Niedrig   Durchschnittlich   Hoch   Extrem hoch

Positive Motivation:

    Extrem niedrig   Niedrig   Durchschnittlich   Hoch   Extrem hoch

Klarheit:

    Extrem niedrig   Niedrig   Durchschnittlich   Hoch   Extrem hoch

Wie habe ich mich nach dreimaliger Vagusnervstimulation gefühlt?

    Ängste:

    Extrem niedrig   Niedrig   Durchschnittlich   Hoch   Extrem hoch

    Positive Motivation:

    Extrem niedrig   Niedrig   Durchschnittlich   Hoch   Extrem hoch

    Klarheit:

    Extrem niedrig   Niedrig   Durchschnittlich   Hoch   Extrem hoch

Habe ich durch die vagale Atmung eine Veränderung meines Pulses oder Blutdrucks bemerkt?

    Ja   Nein   Nicht sicher

Wie fühlt es sich an, die Vagusnervstimulation dreimal durchzuführen?

_____

_____

_____
_____
_____
_____
_____
_____
_____

Habe ich das Gefühl, dass das tägliche Praktizieren der Vagusnervstimulation für mein Leben von Vorteil wäre?

    Ja   Nein   Nicht sicher

Warum fühle ich mich so?

_____
_____
_____
_____
_____
_____
_____
_____

Aufbauend auf Kapitel 1, wie werde ich die vagale Atmung in meinen Alltag einbauen?

_____
_____
_____

Schritt-für-Schritt-Arbeitsbuch

Kapitel 3 - Andere körperliche Veränderungen (Seite 22)

Aus meiner eigenen Sicht ist die Stärke meiner Blutgefäße folgendermaßen zu bewerten:

   Sehr schwach   Schwach   Durchschnittlich   Stark   Sehr stark

Aus meiner eigenen Perspektive ist die Stärke meiner Mitochondrien wie folgt einzuordnen:

   Sehr schwach   Schwach   Durchschnittlich   Stark   Sehr stark

Habe ich das Gefühl, dass stärkere Blutgefäße und gesündere Mitochondrien mir helfen werden, konsequenter bewusst zu sein?

   Ja   Nein   Unsicher

Warum fühle ich mich so?

Stammt meine Antwort aus umfangreicher TEM-Erfahrung, aus etwas, das ich irgendwo anders gelernt habe oder aus einer Vermutung?
- Umfangreiche TEM-Erfahrung
- Etwas, das ich anderswo gelernt habe
- Nur meine Vermutung

Kapitel 4 - Primäre Klänge (Seite 28)

Kann ich die Perspektive der Alten in Bezug auf heilige Klänge verstehen?
Ja   Nein   Unsicher

Kann ich den Wechsel von der Beta-Gehirnwelle zur Alpha-Gehirnwelle spüren, während ich Primärtöne produziere?
Ja   Nein   Unsicher

Habe ich bemerkt, dass Sekundärgeräusche nicht während des gesamten Atemzuges aufrechterhalten werden können, wie es bei Primärgeräuschen der Fall ist?
Ja   Nein   Unsicher

Fühle ich mich nach dem Singen von Primärklängen ruhiger und bewusster?
Ja   Nein   Unsicher

Kapitel 5 - Schallmessungen (Seite 33)

Kann ich spüren, wie der "Ah"-Ton durch meinen Körper wandert?

    Ja   Nein   Unsicher

Wenn ich die Dimensionen jedes Klangs gefühlt habe, indem ich für jeden eine Linie verwendet habe, wie würde ich die Dimensionen jedes Klangs beschreiben? Wie hat es sich angefühlt?

Ah _

Ee _

Ew _

Eh _

Oh _

Mnn _

Nnn _

Kapitel 6 - Schalltherapie (Seite 36)

Habe ich Spaß am Singen von Primärklängen?

    Ja   Nein   Unsicher

Wie deutlich finde ich derzeit den Klang und die Tonhöhe, die sich für meinen Körper am wohltuendsten anfühlt?

    Ganz und gar nicht   Ich bekomme ein vages Gefühl dafür   Ich spüre deutlich den wohltuenden Klang

Wie deutlich kann ich derzeit den Ton und die Tonhöhe finden, gegen die sich mein Körper am meisten sträubt?

    Ganz und gar nicht   Ich bekomme ein vages Gefühl dafür   Ich spüre den Klang deutlich

Habe ich die Übung mit dem Ton beendet, der am vorteilhaftesten ist?

    Ja   Nein   Unsicher

Kapitel 7 - Reinigung durch Wasser (Seite 41)

Kann ich mich ohne das Wissen der Wissenschaft auf die antike Perspektive von Geistern einlassen?

    Ja   Nein   Unsicher

Kann ich verstehen, warum die Alten dachten, dass das Eintauchen in kaltes Wasser böse Geister exorziert?

    Ja   Nein   Unsicher

Was sind einige der emotionalen Erfahrungen in meinem Leben, die die Alten als "Geister" bezeichnen würden?

_____

_____

_____

_____

_____

_____

_____

_____

Was sind einige der "Geister" in meinem Partner, meinen Freunden oder Familienmitgliedern, von denen ich wünschte, sie könnten weggewaschen werden?

_____

_____

_____

_____

_____

_____

_____

Was sind einige "Geister" in mir, von denen ich wünschte, sie könnten weggewaschen werden?

_____

_____

_____

_____

_____

_____

_____

Welche negativen Emotionen bin ich bereit wegzuwaschen?

_____
_____
_____

Kapitel 8 - Dem Wasser zugewandt (Seite 44)

Wie habe ich mich gefühlt, kurz bevor ich die kalte Dusche gestartet habe?

_____
_____
_____
_____

Wie habe ich mich direkt nach der Dusche gefühlt?

_____
_____
_____
_____
_____
_____
_____
_____

Hat die Übung meinen emotionalen Zustand und mein Energieniveau verändert?

    Ja   Nein   Unsicher

Habe ich das Gefühl, dass die Feueratmung mir geholfen hat, die Kontrolle über meine Atmung zu bekommen?

Ja   Nein   Unsicher

Wenn die Feueratmung geholfen hat, wie lange hat es ungefähr gedauert, um meine Atmung zu regulieren?

Etwa ___ Sekunde(n)/Minute(n)

Ich konnte ___ Minuten unter der kalten Dusche bleiben.

Mein Ziel für morgen ist es, ___ Minuten unter der kalten Dusche zu bleiben.

Welcher Ansatz ist im Hinblick auf Sicherheit und Verbesserung für mich am besten geeignet, um kalt zu duschen?

Vollständige kalte Dusche   Stufenweise Methode   Spülbeckenmethode

Hat sich meine Einstellung zu kalten Duschen im Laufe der Zeit geändert?

Ja   Nein

Kapitel 9 - Wasseranwendung mit Gesundheitsthemen (Seite 53)

Treten bei mir Symptome des Raynaud-Syndroms auf? Wenn ja, wie kann ich besonders in Bezug auf kalte Duschen und meine Ernährung noch mehr auf mich achten?

_____

_____

_____

Habe ich andere gesundheitliche Probleme, die das kalte Duschen besonders schwierig machen?

_____
_____
_____
_____

Was sagt mein Heilpraktiker dazu, dass ich kalt dusche?

_____
_____
_____
_____

Kapitel 10 - Fortschritte messen (Seite 58)

Konnte ich unter der kalten Dusche einen gleichmäßigen, klaren "Ah"-Ton erzeugen?

   Nein   Fast   Perfekt

Gab es noch andere Primärgeräusche, die ich ausprobiert habe, außer "Ah"? Wie ist es gelaufen?

_____

_____
_____
_____
_____

Habe ich bemerkt, dass sich meine Fähigkeit, Primärgeräusche in der Dusche zu produzieren, mit der Übung verbessert hat?

    Ja   Nein   Unsicher

Wie hat sich meine Fähigkeit, unter Stress bewusst zu bleiben, durch das Üben von absichtlichen kalten Duschen verändert?

_____
_____
_____
_____
_____

Kapitel 11 - Umgang mit Furcht (Seite 64)

Habe ich eine kalte Dusche zu der Tageszeit genommen, als ich auf dem Höhepunkt meiner Energie war?

    Ja   Nein   Unsicher

Wie groß war mein geistiger und körperlicher Widerstand gegen die kalte Dusche bei maximaler Energie? Wie konnte ich unter der Dusche bleiben?

_____
_____
_____

Unerschütterliche Bewusstheit

_____

_____

Habe ich eine kalte Dusche genommen, als ich in einem energiearmen Zustand war?

    Ja   Nein   Unsicher

Wie groß war mein Widerstand, in einem energiearmen Zustand zu duschen? Wie lange konnte ich unter der Dusche bleiben?

_____

_____

_____

_____

_____

Was war mein innerer Dialog in Bezug auf die kalten Duschen?

_____

_____

_____

_____

Glaube ich, dass die Gedanken und Gefühle des Widerstands mein wahres Selbst sind oder habe ich das Gefühl, dass sie lediglich gewohnheitsmäßige, neuronale Automatismen sind?

    Ja   Nein   Unsicher

Schritt-für-Schritt-Arbeitsbuch

Fühle ich Schuld oder Scham, wenn ich diese Gefühle und Gedanken anerkenne oder kann ich sie einfach beobachten?

Schuld   Scham   Sowohl Schuld als auch Scham   Ich beobachte sie einfach

Habe ich die gleichen widerständigen inneren Dialoge in anderen Bereichen meines Lebens außerhalb der Erfahrung der kalten Dusche bemerkt?

Ja   Nein   Unsicher

Liste hier die widerständigen Dialoge in deinem täglichen Leben auf.
-
-
-
-
-

Welche Gedanken und Gefühle identifiziere ich gerade als "ich"?
-
-
-
-
-

Wann und wie treten sie tagsüber auf?
_____
_____
_____

Habe ich durch das Training mit der kalten Dusche eine Verringerung der Identifikation mit bestimmten Gedanken oder Gefühlen festgestellt?
   Ja   Nein   Unsicher

Wenn du mit "Ja" geantwortet hast, dann liste die Gedanken und Gefühle auf, die ihren Einfluss auf deine Identität teilweise oder ganz verloren haben.-

Kapitel 12 Mentoring des Geistes (Seite 70)

Gehe ich schrittweise an das kalte Duschen heran, um mich zu beruhigen?
   Jedes Mal   Manchmal   Nie

Hat mir die schrittweise Herangehensweise geholfen, mich langsam an eine vollständige kalte Dusche heranzutasten?
   Ja   Nein   Unsicher

Hat sich der Widerstand verringert, wenn ich mir selbst die Wahl gelassen habe?
   Ja   Nein   Unsicher

Kapitel 13 - Mentoring des Körpers (Seite 73)

Welche Vermeidungsstrategien hat mein Unterbewusstsein eingesetzt, um das kalte Duschen zu vermeiden?

-
-
-
-
-

Wie viel Prozent der Zeit bin ich in der Lage, meinen Körper erfolgreich dazu zu bringen, eine kalte Dusche zu nehmen?
Ungefähr _____ %

Welche Verhandlungsstrategien funktionieren bei mir am besten? Liste sie in der Reihenfolge ihrer Wirksamkeit auf:
1.
2.
3.

Kapitel 14 - Die Kraft des einen Atemzuges (Seite 78)

Dem Prinzip des einen Atemzuges folgend: Was kann ich tun, um ein Ziel, eine Idee oder eine Absicht sofort in die Tat umzusetzen?

_____
_____
_____
_____

Welche Ideen habe ich, mit denen ich jetzt sofort beginnen kann, indem ich sie aufschreibe?

Kapitel 15 - Grundlegende TEM-Meditation (Seite 84)

Bin ich mir bewusst, wann mein Geist auf Ausgrenzung ausgerichtet ist?
    Ja   Nein   Gelegentlich   Unsicher

Achte ich auf die verschiedenen Gemütszustände während des Tages?
    Ja   Nein   Gelegentlich

Bin ich verärgert, wenn etwas meine fokussierte Konzentration unterbricht?

    Jedes Mal   Manchmal   Selten   Nie

Habe ich während der visuellen Bewusstseins-Meditation den Unterschied zwischen dem Alpha-Zustand des entspannten Gesichtsfeldes und dem Beta-Zustand der fokussierten Aufmerksamkeit bemerkt?

    Ja   Nein   Unsicher

Wie fühle ich mich vor der Meditation im Vergleich zu während der Meditation?

_____
_____
_____
_____
_____
_____
_____
_____

Wie war meine Meditationserfahrung unter der kalten Dusche? Was waren die Schwierigkeiten? War ich in der Lage, meditiert zu bleiben? Was hat mir an der Erfahrung gefallen?

_____
_____
_____
_____

Unerschütterliche Bewusstheit

_____
_____
_____
_____

Kapitel 16 - Sphärische Bewusstheit (Seite 93)

Wie war meine erste Meditationserfahrung im sphärischen Bewusstsein?
_____
_____
_____
_____
_____
_____
_____
_____

Konnte ich beim ersten Versuch unter der Dusche ein sphärisches Bewusstsein erleben?

   Ja   Nein   Unsicher

Mein erster Versuch der sphärischen Wahrnehmung unter der kalten Dusche verlief folgendermaßen:
_____
_____
_____

Kapitel 17 - Tieferes Körpertraining (Seite 100)

Was ist mir aufgefallen, als ich eine kalte Dusche nahm, nachdem ich meinen Körper mit Wärme aufgeladen hatte?

Was ist für meine Meditation im Moment herausfordernder: kalte Duschen oder kalte Bäder?

    Kalte Duschen   Kalte Bäder   Unsicher

Wie war mein erstes Erlebnis mit dem kalten Bad?

_____
_____
_____
_____
_____
_____
_____
_____
_____
_____
_____

Kapitel 18 - Aufmerksamkeits-Übungen und Spiele (Seite 106)

Welche Übungen und Spiele habe ich geübt? Kreuze sie an.

Röntgenblick

Drehen mit dem Röntgenblick

Topographische Ansicht

Attentäter-Spiel

Blinde Flecken beachten

Durchgangs-Bewusstsein

Sitzpositionierung

Alternative Ausgänge

Was sind meine Lieblingsspiele und -übungen? Nenne deine Top 3.

1.
2.
3.

Was ist mir bei diesen speziellen Spielen und Übungen aufgefallen?

_____
_____
_____
_____
_____
_____
_____
_____

Habe ich es leicht und lustig gestaltet?

    Ja   Nein   Unsicher

Gibt es Spiele oder Übungen, die ich nicht mag? Liste sie auf.

-
-
-

Warum mag ich diese Spiele und Übungen nicht?

_____
_____
_____
_____
_____
_____
_____

Unerschütterliche Bewusstheit

Welche Übungen oder Spiele muss ich mehr üben? Liste sie auf.
-
-
-

Kapitel 19 - Tägliche Erinnerungen (Seite 118)

Ich habe das Gefühl, dass die Erinnerung in Kombination mit der Uhrzeit für mich hilfreich sein werden.

    Ja   Nein

Ich war erfolgreich in der Lage, mein Gehirn so zu programmieren, dass es mich an die Meditation erinnert, wenn ich die Uhrzeit sehe.

    Ja   Nein

Welche anderen Arten von Erinnerungen benutze ich während meines Tages?
-
-
-
-
-
-

Welche Art der Erinnerung scheint für mich am besten zu funktionieren? Liste sie in der Reihenfolge ihres Nutzens auf.

1.
2.
3.

Kapitel 20 - Das Herz des Chaos (Seite 124)

Ist mir schon mal die Stimme des Betrügers aufgefallen?

   Ja   Nein   Unsicher

Ich neige dazu, sofort zu bemerken, wenn die Stimme des Betrügers auftaucht.

   Nie   Fast nie   Gelegentlich   Oft   Immer

Was war einer der Dialoge des Betrügers, den ich heute erlebt habe?

_____
_____
_____
_____
_____
_____
_____

Wo genau konnte ich diese Stimme in meinem Körper lokalisieren?

_____
_____
_____

Unerschütterliche Bewusstheit

Habe ich heute den Trieben und Zwängen des Betrügers nachgegeben? Welchem Drang oder Zwang habe ich nachgegeben? Was war das Ergebnis?

Wenn ich in der Lage war, mich mit Hilfe eines Mentors aus der Verfolgung des Betrügers zu lösen, wie fühlte sich das an und was war das Ergebnis?

_____
_____
_____
_____
_____

Kapitel 21 - Tägliche Verkörperung (Seite 129)

Ich bin heute Morgen wach und klar aufgestanden.

    Starke Zustimmung   Zustimmung   Unsicher   Ablehnung   Starke Ablehnung

Ich gebe mir selbst eine starke Motivation, sofort nach dem Aufwachen aufzustehen.

    Starke Zustimmung   Zustimmung   Unsicher   Ablehnung   Starke Ablehnung

Ich schreibe meine Vorsätze für den nächsten Tag am Abend vorher auf, als Motivation, um morgens leichter aus dem Bett zu bekommen.

    Ja   Nein

Ich übe Primärklänge und nehme nach dem Aufstehen eine kalte Dusche.

    Ja   Nein

Ich spiele jeden Tag ein Achtsamkeitsspiel, um meine Aufmerksamkeit zu schärfen.

    Ja   Nein

Ich setze mir in meiner Umgebung Erinnerungshilfen, die mir helfen, den ganzen Tag über in sphärischem Bewusstsein zu bleiben.

    Ja   Nein

Bevor ich zu Bett gehe, ziehe ich Bilanz über den Tag, indem ich mir die folgenden Fragen stelle:

-
-
-
-
-

Habe ich heute den "Betrüger" bemerkt? Wenn ja, war ich in der Lage, den inneren Raum zu lockern und ins Bewusstsein zurückzukehren?

    Ja   Nein   Ja und nein

Habe ich mich an nicht hilfreichen Gewohnheiten und ablenkenden Tätigkeiten beteiligt?

    Ja   Nein

Was habe ich getan, das zwar ansprechend, aber nicht sinnvoll war?

_____

_____

_____

_____

_____

Habe ich all die Dinge erreicht, die ich mir heute vorgenommen habe?

    Ja   Nein

Habe ich mir zum Ziel gesetzt, etwas mehr Zeit im Bewusstsein zu verbringen, als ich es gestern getan habe?

    Ja   Nein

Hatte ich Spaß am Bewusstsein?

    Ja   Nein

Wie habe ich diesen Tag erlebt?

_____
_____
_____
_____
_____
_____
_____
_____
_____
_____
_____
_____
_____
_____

Kapitel 22 - Umwandlung (Seite 136)

Welche positiven Veränderungen habe ich durch das Praktizieren der Total Embodiment Methode (TEM) festgestellt?

Schritt-für-Schritt-Arbeitsbuch

_____
_____
_____
_____
_____
_____
_____
_____
_____
_____
_____
_____
_____
_____
_____
_____
_____
_____
_____
_____

Die durchschnittliche Person braucht etwa 66 Tage, um eine gesunde Gewohnheit zu etablieren, aber bei manchen Personen kann es bis zu einem Jahr dauern. Eine gute Möglichkeit, eine gesunde TEM-Gewohnheit zu etablieren, ist es, einen Zeitplan mit Aktivitäten zu erstellen, die du am Ende jedes Tages abhaken kannst. Wenn du dich jeden Tag an diesen Zeitplan hältst, wird dir das enorm helfen.

Bitte lade dir den Zeitplan zum Ausdrucken herunter.
www.richardlhaight.com/uaworkbook

Tägliches Training der geführten Meditation mit Richard Haight

Wenn du mehr praktische Anleitungen zu seinen Meditationsmethoden und Lehren wünschst, kannst du eine 30-tägige Testversion des TEM-Service für täglich geführte Meditationen mit Richard L. Haight in englischer Sprache erhalten. Tausende von Menschen tun dies jeden Tag!

Besuch: www.richardlhaight.com/services

www.ingramcontent.com/pod-product-compliance
Lightning Source LLC
Chambersburg PA
CBHW060352110426
42743CB00036B/2813